L'affaire Crémonnière

HENRI TROYAT

La Lumière des justes :	
I. LES COMPAGNONS DU COQUELICOT	*J'ai lu* **272/4**
II. LA BARYNIA	*J'ai lu* **274/4**
III. LA GLOIRE DES VAINCUS	*J'ai lu* **276/4**
IV. LES DAMES DE SIBÉRIE	*J'ai lu* **278/4**
V. SOPHIE OU LA FIN DES COMBATS	*J'ai lu* **280/4**
LA NEIGE EN DEUIL	*J'ai lu* **10/1**
LE GESTE D'ÈVE	*J'ai lu* **323/2**
LES AILES DU DIABLE	*J'ai lu* **488/2**
Les Eygletière :	
I. LES EYGLETIÈRE	*J'ai lu* **344/4**
II. LA FAIM DES LIONCEAUX	*J'ai lu* **345/4**
III. LA MALANDRE	*J'ai lu* **346/4**
Les Héritiers de l'avenir :	
I. LE CAHIER	
II. CENT UN COUPS DE CANON	
III. L'ÉLÉPHANT BLANC	
FAUX JOUR	
LE VIVIER	
GRANDEUR NATURE	
L'ARAIGNE	
JUDITH MADRIER	
LE MORT SAISIT LE VIF	
LE SIGNE DU TAUREAU	
LA CLEF DE VOÛTE	
LA FOSSE COMMUNE	
LE JUGEMENT DE DIEU	
LA TÊTE SUR LES ÉPAULES	
DE GRATTE CIEL EN COCOTIER	
LES PONTS DE PARIS	
LA CASE DE L'ONCLE SAM	
UNE EXTRÊME AMITIÉ	*J'ai lu* **4568/4**
SAINTE RUSSIE. Réflexions et souvenirs	
LES VIVANTS (théâtre)	
LA VIE QUOTIDIENNE EN RUSSIE AU TEMPS DU DERNIER TSAR	
NAISSANCE D'UNE DAUPHINE	
LA PIERRE, LA FEUILLE ET LES CISEAUX	*J'ai lu* **599/3**
ANNE PRÉDAILLE	*J'ai lu* **619/3**
GRIMBOSQ	*J'ai lu* **801/3**
UN SI LONG CHEMIN	*J'ai lu* **2457/3**
Le Moscovite :	
I. LE MOSCOVITE	*J'ai lu* **762/3**
II. LES DÉSORDRES SECRETS	*J'ai lu* **763/3**
III. LES FEUX DU MATIN	*J'ai lu* **764/2**
LE FRONT DANS LES NUAGES	*J'ai lu* **950/2**
DOSTOÏEVSKI	
POUCHKINE	
TOLSTOÏ	
GOGOL	
CATHERINE LA GRANDE	*J'ai lu* **1618/7**
LE PRISONNIER N° 1	*J'ai lu* **1117/2**
PIERRE LE GRAND	*J'ai lu* **1723/5**
VIOU	*J'ai lu* **1318/2**
ALEXANDRE Ier, LE SPHINX DU NORD	
LE PAIN DE L'ÉTRANGER	*J'ai lu* **1577/2**
IVAN LE TERRIBLE	
LA DÉRISION	*J'ai lu* **1743/2**
MARIE KARPOVNA	*J'ai lu* **1925/1**
TCHEKHOV	
LE BRUIT SOLITAIRE DU CŒUR	*J'ai lu* **2124/2**
GORKI	
À DEMAIN, SYLVIE	*J'ai lu* **2295/2**
LE TROISIÈME BONHEUR	*J'ai lu* **2523/2**
TOUTE MA VIE SERA MENSONGE	*J'ai lu* **2725/1**
FLAUBERT	
LA GOUVERNANTE FRANÇAISE	*J'ai lu* **2694/3**
MAUPASSANT	
LA FEMME DE DAVID	*J'ai lu* **3316/1**
NICOLAS II	*J'ai lu* **3481/5**
ZOLA	
ALIOCHA	*J'ai lu* **3409/1**
VERLAINE	
LE MARCHAND DE MASQUES	
LE DÉFI D'OLGA	*J'ai lu* **4310/2**
BALZAC	*J'ai lu* **4492/8**
BAUDELAIRE	
VOTRE TRÈS HUMBLE ET TRÈS OBÉISSANT SERVITEUR	*J'ai lu* **4624/3**
TANT QUE LA TERRE DURERA - 1	*J'ai lu* **4748/6**
TANT QUE LA TERRE DURERA - 2	*J'ai lu* **4749/6**
TANT QUE LA TERRE DURERA - 3	*J'ai lu* **4750/6**
L'AFFAIRE CRÉMONNIÈRE	*J'ai lu* **5016/2**

Henri Troyat
de l'Académie française

L'affaire Crémonnière

Éditions J'ai lu

I

N'a-t-on pas annoncé la reprise de l'audience pendant qu'elle était aux toilettes ? Mais, dans ce cas, elle aurait entendu la sonnerie. Pas sûr, avec ces murs épais et ce dédale de couloirs qui étouffent les bruits ! Subitement inquiète, Marie-Hélène presse le pas. Il y a foule dans l'immense galerie du Palais de Justice. Des plaideurs au front soucieux, des avocats à la robe noire flottante, des touristes fureteurs, l'appareil de photo en bandoulière… Cependant, il semble à Marie-Hélène que certains de ces inconnus la scrutent à la dérobée. Sans doute étaient-ils dans la salle durant le procès. Ils l'ont repérée. Elle les déteste. Se croient-ils au spectacle ? Pour eux, il s'agit d'un banal fait divers ; pour elle, d'une décision qui pèsera sur toute sa vie. Ne s'est-elle pas trompée de chemin en pensant revenir à son point de départ ? Non, voici sa sœur, assise sur un des longs bancs de bois qui bordent le passage. Charlotte lui sourit de loin. Elle a l'air paisible, indifférente au mouvement qui l'entoure, à la terrible déception qui les attend peut-être. Mais pourquoi a-t-elle tenu à mettre un chapeau pour se rendre au Palais ? On n'est pas dans une église, tout de même ! C'est fou ce qu'elle « fait province », avec son bibi en feutre beige à plume de coq et son sac à main en faux crocodile !

– Alors ? demande Marie-Hélène en se rasseyant auprès d'elle.

– Toujours rien ! dit Charlotte.

– Me Porquès n'est pas revenu ?

– Non : il doit être encore avec papa dans la salle d'attente des accusés.

Marie-Hélène baisse la tête, accablée.

– C'est bien long ! soupire-t-elle.

– Tu exagères, il y a trois quarts d'heure à peine que le jury délibère !

– Une heure cinq exactement, rectifie Marie-Hélène.

– Eh bien, tu as entendu Me Porquès ? Ça peut durer trois heures, quatre heures…

– Plus ils discutent, plus c'est mauvais signe !

– Mais non, mais non, tu verras, tout ira bien ! murmure Charlotte, compatissante, en se penchant vers sa sœur et en lui tapotant la main.

Marie-Hélène la retire brusquement. Le calme de Charlotte lui semble une insulte à sa propre angoisse. Il témoigne, songe-t-elle, d'une philosophie égoïste, d'une coupable sécheresse de cœur. Elle a dû batailler pour que sa sœur accepte de quitter Angoulême, son cher mari, ses fils de trois ans et un an et demi, afin de venir à Paris où se joue le sort de leur père. La seule chose qui compte pour cette indécrottable bourgeoise, c'est son petit ménage, son petit intérieur, sa petite nichée. Elle n'aime rien tant que pouponner, épousseter, cuisiner... Soudain, après avoir méprisé l'étroitesse de ses vues, Marie-Hélène l'envie d'être détachée de tout ce qui ne la concerne pas directement. On souffre moins quand on restreint le champ de ses intérêts et de ses amours. Proches par l'âge, les deux sœurs Crémonnière ne l'ont jamais été par le sentiment. Marie-Hélène avait quinze ans et Charlotte douze à la mort tragique de leur mère. Tante Lucie, une cousine de maman, était devenue leur tutrice. Elle les avait élevées avec tendresse, avec sagesse, avec dévouement. Mais, contre toute raison, Marie-Hélène n'éprouve aucune gratitude envers cette petite vieille gémissante et bavarde. Au vrai, elle ne sait pas ce qu'elle lui reproche. Sans doute d'être trop sévère pour la mémoire de sa mère. Aujourd'hui encore, tante Lucie accuse la belle Simone Crémonnière d'avoir rendu son mari atrocement malheureux. Le meurtre avait fait la une des journaux en 1987. Cela s'était passé au déclin de l'été, dans le Midi, près du village de Peymeinade, où les parents de Marie-Hélène et de Charlotte possédaient une maison de campagne, l'Olivette. Le corps de la victime avait été retrouvé, une nuit, devant le portail ouvert de la propriété. Une balle dans la tête, une autre dans le cœur. L'arme du crime avait disparu. Pourtant, lors du procès, Augustin, le gardien de l'Olivette, avait affirmé, sous la foi du serment, avoir vu l'avant-veille « Monsieur » démonter et nettoyer son revolver. Bien qu'il eût été incapable d'en préciser la marque et le calibre, cette révélation de dernière heure avait grandement impressionné les jurés niçois. D'ailleurs, les témoins avaient été formels : le ménage était depuis longtemps désuni, l'inconduite de Simone Crémonnière alimentait les commérages des environs, on lui connaissait plusieurs amants, le mari n'avait pu supporter cette surenchère d'infidélités, il avait perdu la tête... Malgré ses protestations d'innocence et la fragilité des preuves réunies contre lui, Philippe Crémonnière avait été condamné, en 1988, à quinze ans de prison par la cour d'assises de Nice. Personne, hormis l'accusé et son avocat, n'avait mis en doute, à l'époque, le bien-fondé du verdict. Même à Paris, où les fillettes étaient revenues aussitôt après le drame, les commentaires qu'elles entendaient parfois ne ménageaient pas leur père. On les plaignait avec des mines faussement compréhensives ; on chuchotait complaisamment qu'elles payaient bien cher pour les fautes de leurs parents. « Une mère assassinée, un père en prison, elles ne s'en relèveront jamais, les pauvres petites ! » prétendaient les bonnes âmes. Or, elles s'étaient « relevées ». Chacune à sa manière. Charlotte en niant un passé qu'elle exécrait et en épousant, avant ses dix-huit ans, un homme qui avait le double de son âge et dont le principal mérite était de lui permettre de troquer son nom déshonoré contre celui, tellement plus estimable, de Mme Gustave Paupelet ; Marie-Hélène en refusant de se marier pour se consacrer tout entière à la réhabilitation de celui qu'elle considérait comme le bouc émissaire d'une société imbécile et cruelle. C'était peu après son accession à la majorité qu'elle avait eu l'idée de demander la révision du procès. Encore avait-il fallu convaincre son père, tante Lucie et Charlotte de tenter l'aventure. Le mari d'une amie de tante Lucie leur avait recommandé Me Étienne Porquès, un de ses anciens camarades de la faculté de droit, « un aigle du barreau », disait-on. Et Me Étienne Porquès, mis au courant de l'affaire, s'était brusquement enflammé pour cette noble cause. D'emblée, il avait affirmé que le dossier, mal exploité au début, contenait de quoi obtenir une réhabilitation éclatante. Il comptait notamment se servir de certaines lettres, découvertes entre-temps, d'un jeune médecin de la région, Jean Maudrut, dont Simone Crémonnière avait fait son amant pour l'été. Récemment installé dans le village voisin de Spéracèdes, Jean Maudrut n'avait guère de clientèle, ce qui lui laissait le loisir de rejoindre sa maîtresse où elle voulait, quand elle le voulait. Marie-Hélène se souvient encore de cette phrase que Me Porquès avait relevée parmi le fatras de billets galants conservés par la défunte et qui avaient échappé aux enquêteurs, lors de la perquisition opérée chez elle : « Peu m'importe que ton mari soit une chiffe molle et qu'il accepte tout, je ne peux plus supporter que tu le retrouves chaque nuit, fût-ce par charité ! C'est lui ou moi, choisis ! Je t'assure, Simone, que la jalousie, au degré où je l'éprouve par ta faute, peut conduire au pire. » La joie de Porquès, sur le moment, devant cette découverte ! « Ça devrait suffire à disculper Crémonnière ! s'était-il écrié en brandissant le papier. Il y a là un élément nouveau qui permet de tout remettre en question ! » Par malheur, Jean Maudrut était mort subitement, peu après les faits, d'un arrêt cardiaque. Marie-Hélène se rappelle que, « du temps de maman » déjà, quand il venait à la maison pour de prétendues consultations, il se plaignait souvent de sa fatigue, de son essoufflement. Maman lui reprochait de fumer trop. S'il avait vécu jusqu'à ce jour, il aurait été démasqué, confondu et serait allé remplacer Philippe Crémonnière en prison. Tant pis : puisqu'on ne pouvait châtier le vrai coupable, on se contenterait de blanchir l'innocent ! C'était sur ces données nouvelles que Me Porquès avait assis son argumentation et, en 1996, huit ans après le jugement de la cour d'assises de Nice, la Commission de révision de la chambre criminelle de la Cour de cassation, ayant fait procéder à une enquête complémentaire, reconnaissait la recevabilité de la réclamation et ordonnait la révision du procès par la cour d'assises de Paris, à sa dernière session d'avril. Désormais, tout dépendait de neuf jurés, hommes et femmes, mal informés sans doute et dominés par la présence tutélaire des trois magistrats qui siègent avec eux. Marie-Hélène les a vus tout à l'heure à l'audience, ces représentants de la nation, intimidés par leurs responsabilités et tâchant de lire la vérité tantôt dans les yeux de papa, tantôt dans ceux de Porquès, tantôt dans ceux de l'avocat général qui leur fait face. Il est effrayant de penser que l'honneur, le bonheur d'un homme dépendent de quelques citoyens, de bonne foi, certes, mais tirés au sort et qui demain auront oublié jusqu'à son existence. Une fois de plus, Marie-Hélène consulte sa montre-bracelet : un cadeau de son père pour ses douze ans. Dix-neuf heures cinq. Les débats ont commencé à neuf heures et demie du matin. Les deux sœurs ont déjeuné sur le pouce, ce midi, dans un bistrot du coin, pendant la suspension de séance. À bout de patience, Charlotte se tortille sur le banc et gémit :

– J'ai des fourmis dans les jambes. Il faut que je bouge !

– Pas maintenant, Charlotte !

– Si !

– Où veux-tu aller ?

– Comme toi : au petit coin !

Rien à redire. Charlotte s'éloigne d'une démarche rapide dans la galerie. Cette expression de « petit coin » rejette Marie-Hélène dans leur enfance à Peymeinade : le vieux mas provençal coiffé de tuiles roses, le jardin avec ses oliviers aux troncs noueux et aux feuillages argentés, la piscine bien bleue, le solarium aménagé par maman et entouré d'un léger rideau de cannisses. Papa était souvent obligé de faire un saut à Paris pour s'occuper de ses affaires : il était le principal associé d'une agence de conseillers fiscaux, la Cofidec. Mais ses absences étaient toujours de courte durée et il ne revenait jamais sans quelques menus cadeaux pour sa femme et ses filles. On était si heureux alors ! Même les frasques de maman, ses brusques départs pour Cannes, ses mines coquettes devant papa qui bougonnait excitaient et amusaient Marie-Hélène. Elle avait beau plaindre son père d'être si soucieux, si inquiet en dépit du soleil et du chant des cigales, elle était incapable de condamner celle qui le torturait par sa légèreté. Il lui semblait qu'une grâce naturelle permettait à sa mère d'échapper aux reproches des gens honnêtes et ennuyeux. La beauté, la gaieté, la fantaisie excusent le reste aux yeux d'une fillette avide d'imprévu. À quinze ans, elle admirait trop la femme-enfant qui lui avait donné le jour pour pouvoir la juger et, à vingt-quatre ans, elle continue de subir son charme jusqu'à croire parfois qu'une morte lui parle tendrement à l'oreille. Ainsi, tout en entourant son père d'une passion justicière, regrette-t-elle en secret que sa mère ne soit plus là pour le faire si joliment souffrir. Elle souhaiterait s'en expliquer avec quelqu'un de sensible, d'intelligent... Mais sa sœur n'est qu'une poule couveuse qui gonfle ses plumes pour réchauffer ses poussins. En ce moment même, elle n'est pas à Paris, mais à Angoulême. Lorsque Charlotte revient des toilettes, Marie-Hélène renonce à lui faire part des idées folles qui l'ont traversée. Elle l'observe, se rasseyant et tirant sa jupe sur ses genoux, proprette, blonde, fade, heureuse d'être n'importe qui.

– Tu vois, dit Charlotte, ça n'a pas été long !

– Dix-neuf heures vingt ! remarque Marie-Hélène. Et ils délibèrent toujours ! Je trouve que le troisième juré, le gros chauve, a une tête de faux jeton. Pas toi ?

Au même instant, elle aperçoit Me Étienne Porquès qui s'avance vers elle d'un pas pesant, des papiers sous le bras. Incapable de se contenir, elle bondit à sa rencontre :

– Vous avez du nouveau ?

– Pas encore, répond Porquès. Mais j'ai eu une bonne conversation avec votre père. Il a besoin qu'on lui remonte le moral. Je lui ai dit qu'à mon avis il y avait soixante-quinze chances sur cent pour qu'il soit acquitté !

– Vous le croyez vraiment, maître ?

– Bien sûr !

Charlotte s'est rapprochée d'eux :

– Qu'est-ce que je te disais, Marie-Hélène ? Aie confiance !

Et, parfaitement inconsciente, elle ajoute :

– Vous n'avez pas soif, maître ?

– Si, réplique-t-il avec un sourire. J'allais même vous proposer de prendre un verre en attendant.

– Et si on appelle pendant que nous ne serons pas là ? s'écrie Marie-Hélène.

Il la rassure ; il a tout prévu, comme d'habitude :

– Ne craignez rien, mademoiselle. J'ai prévenu le greffier que nous serions à la buvette du Palais. On viendra nous chercher.

Sur quoi, prenant les deux femmes chacune par un bras, il les entraîne. Marie-Hélène marche comme une somnambule à côté de cet homme qui, depuis quelque temps, décide à sa place. Cette sujétion est à la fois reposante et irritante. Elle n'a jamais eu une notion plus nette de sa volonté, de sa personnalité, alors qu'elle les a l'une et l'autre abdiquées.

Peu après, ils sont tous trois attablés dans le brouhaha du bar, devant des demis frais et mousseux. Sur le guéridon voisin, Marie-Hélène avise une soucoupe pleine d'olives noires. Irrésistiblement, elle repense aux olives de Peymeinade. La joie de la cueillette. On faisait sa propre huile en portant les fruits au pressoir de la coopérative. Maman disait qu'elle n'avait jamais rien goûté de meilleur que les plats assaisonnés avec l'huile des olives du jardin. Elle prétendait aussi en faire boire à jeun à ses filles et à son mari pour les garder en bonne santé. Porquès déguste sa bière avec componction. Il a un visage lourd, raviné, aux yeux minuscules et au nez en patate. Sa laideur n'est pas déplaisante. Elle s'accorde étrangement avec la puissance caverneuse de sa voix. Tout à l'heure, il a été superbe d'éloquence en évoquant le calvaire de Philippe Crémonnière, trompé par sa femme et acceptant son infortune conjugale par égard pour ses enfants. Il a su de même exploiter à fond le doute qui subsistait sur la culpabilité d'un homme dont la plupart des témoins avaient reconnu jadis le caractère conciliant ; il a tiré le meilleur parti des lettres inquiétantes de feu Jean Maudrut ; il s'est apesanti sur le fait que l'arme du crime n'avait pas été retrouvée, que les indices étaient des plus vagues et que, lors de la seconde enquête diligentée par la chambre criminelle de la Cour de cassation, plusieurs voisins de la victime étaient revenus sur leurs dépositions. Tout cela formait, selon lui, un faisceau d'arguments qui devait emporter un verdict favorable. Il le répète aux deux sœurs avec vigueur, comme pour s'en convaincre lui-même. Il est content de lui, surchauffé, viril, vantard et attendrissant à la fois. Marie-Hélène se surprend à songer qu'il ne manque pas d'une certaine séduction dans sa rudesse. Un ours mal léché. Aussi apte, avec ses grands bras, à broyer un adversaire qu'à protéger un ami. Plongée dans ses pensées, elle a à peine touché à son verre. Elle le repousse et de nouveau lorgne sa montre.

– Vous ne finissez pas votre bière ? demande Porquès.

– Non, non, balbutie-t-elle. Je crois qu'il est temps d'y aller.

– On a bien cinq minutes ! proteste Charlotte. J'ai encore soif. Je prendrais volontiers un autre demi !

Elle rit et ajoute aussitôt :

– Mais non, je te taquine, ma chérie !

Comment peut-elle plaisanter un jour pareil ? Marie-Hélène glisse un regard interrogateur à Porquès. Il n'a pas bronché. Enfin, il se lève. C'est le signal. Tous trois retournent dans la galerie des assises ; après quoi, l'avocat quitte les deux femmes pour aller, une dernière fois, requinquer son client qui se morfond dans la salle d'attente des accusés.

Dès qu'il a disparu, Marie-Hélène est ressaisie par l'angoisse. Il lui semble que le nombre des visiteurs, au Palais, a subitement diminué. Chassés par l'heure tardive, la plupart ont dû rentrer chez eux. Ne demeurent sur place que les plus curieux et les journalistes. Sautant d'un souci à l'autre, Marie-Hélène a une pensée pour tante Lucie qui est restée à la maison parce que, à son âge et dans son état de nerfs, elle s'estime incapable de supporter l'épreuve du procès. Sans doute attend-elle, assise dans un fauteuil auprès du téléphone, l'appel de ses nièces pour être fixée.

– Dès qu'on saura à quoi s'en tenir, on téléphonera à tantine, dit Marie-Hélène en se penchant vers Charlotte. Elle doit être à demi morte d'inquiétude, la pauvre !

Au lieu de répondre, Charlotte se dresse brusquement et s'exclame :

– Je crois que c'est le moment !

– Je n'ai pas entendu la sonnerie…

– Moi si… Il me semble… On a dû prévenir… Regarde, tout le monde y va !

Le cœur défaillant, Marie-Hélène se lève à son tour et s'appuie instinctivement à l'épaule de sa sœur. Devant elle, comme obéissant à un mystérieux appel des profondeurs, la foule s'est mise en mouvement. Chacun regagne sa place, en silence, dans le prétoire. En franchissant le seuil, Marie-Hélène retrouve la sensation de froide solennité, d'hostilité officielle qui l'a étreinte lors de sa première entrée dans la salle : ces dimensions grandioses, cette hauteur de plafond, les teintes fanées de l'immense tapisserie murale, les micros disposés çà et là et jusqu'aux sombres boiseries sculptées, tout ici lui parle d'inflexible rigueur. Installée avec sa sœur au premier rang de l'assistance, derrière la balustrade de séparation, elle a l'impression que ce n'est pas son père, mais elle qu'on va juger. Cependant, dès qu'elle le voit, elle ne pense plus qu'à lui. Il est là, à quelques pas, dans son box, si frêle, si pâle, si misérable, entre deux gardes rutilants de santé. En contrebas, devant lui, sur un banc, Me Porquès dans sa robe noire. En face d'eux, l'avocat général, avec sa toge rouge et son faciès de marbre. Sur le côté, le groupe serré des journalistes. Un carnet à la main, ils guettent les réactions de l'accusé, de l'avocat, du public. Pour Marie-Hélène, ce sont des voyeurs, qui se nourrissent du malheur des autres. Le temps est suspendu. On attend les jurés, la cour. Soudain, les voici ! Tout le monde se lève. Marie-Hélène écarquille les yeux. Est-elle au théâtre ou dans la vie ? Ses genoux faiblissent. Elle craint de s'évanouir. Avant qu'elle ait pu reprendre ses esprits, le président des assises donne lecture des réponses du jury et de la cour aux questions qui leur ont été posées. La voix du magistrat est forte, son maintien hiératique, son masque impénétrable lorsqu'il dit :

– Première question : Philippe Crémonnière est-il coupable d'avoir donné la mort à sa femme ? Réponse : non.

Le mot sonne comme un pétard de fête. Aussitôt, c'est une explosion de joie dans l'assistance. Inconséquence dramatique de l'opinion : autrefois, Philippe Crémonnière était l'opprobre du genre humain ; aujourd'hui, il n'a que des amis sur terre. On applaudit. Le président agite sa sonnette, menace de faire évacuer la salle. Il parle encore. On ne l'écoute plus. La cause est entendue. Me Porquès se tourne vers son client et, par-dessus la barrière, lui serre les deux mains. Quelqu'un s'exclame : « Bravo ! » Peut-être est-ce Marie-Hélène qui a crié ? Elle ne le sait plus, elle ne sait pas davantage qui elle est, où elle est. Les deux sœurs s'élancent vers leur père. Il se penche hors de son box et leur tend les bras. Marie-Hélène se hausse sur la pointe des pieds pour l'embrasser. Il sent la sueur. Sa barbe a repoussé. Elle perd le souffle contre cette joue râpeuse et chaude. De nouveau, il est à elle. Rien qu'à elle. Et, cette fois, pour toujours ! Elle regrette que les photographes soient interdits dans le prétoire. Elle eût aimé conserver la première image de son père libre.

Rassasié d'émotions, le public commence à se disperser. Les gardes emmènent Philippe Crémonnière avec ménagement. Avant de passer la petite porte de sortie, il se tourne vers ses filles et incline par deux fois la tête comme pour leur dire : « À bientôt. » Bizarrement, il ressemble à un vaincu, alors qu'il vient de triompher de la malignité générale. Me Porquès avait prévenu Marie-Hélène et Charlotte : même si leur père était acquitté, il devrait retourner en prison, où l'on procéderait à la « levée d'écrou ». Une formalité stupide mais inévitable. Après avoir serré les mains de quelques confrères complimenteurs, l'avocat rejoint les deux sœurs, puis les pilote à travers une enfilade de couloirs :

– Venez ! dit-il. Nous allons l'attendre rue de la Santé.

– Ce sera long ? demande Charlotte.

– Entre une heure et demie et deux heures...

– Alors, on a le temps de manger un morceau !

Marie-Hélène foudroie sa sœur du regard, mais l'avocat acquiesce :

– Bien sûr ! Suivez-moi ! On va tâcher d'éviter les journalistes !

Tous trois s'engagent dans un escalier raide et obscur, loin de la cohue, loin des regards, et soudain la fraîcheur du soir enveloppe Marie-Hélène. Ses oreilles s'emplissent de la sourde rumeur de la ville. Paris l'entoure, l'adopte et l'étourdit. Elle respire l'air à pleins poumons, comme elle n'a encore jamais respiré. N'est-ce pas elle qui sort de prison ?

– Il faut immédiatement appeler tante Lucie, dit-elle.

– Nous le ferons de ma voiture, décide Porquès.

Les quelques pas qui séparent Marie-Hélène du parking sont interminables. À peine assise dans l'auto, à côté de l'avocat, elle lui rappelle sa promesse. Il forme le numéro sur son téléphone portable et lui tend l'appareil. Dès la première sonnerie, tante Lucie décroche :

– Ça y est ! annonce Marie-Hélène triomphalement. C'est gagné !

Un cri d'oiseau blessé lui répond :

– Dieu soit loué ! Quand doit-on le libérer ?

– Tout à l'heure. Nous allons le chercher. Prépare tout à la maison ! Me Porquès a été admirable ! Sans lui…

La voix de Marie-Hélène s'étrangle dans sa gorge. Elle ne peut achever sa phrase. Porquès la remercie d'un clignement de paupières. Visiblement, il est aussi ému qu'elle, aussi heureux qu'elle. Ne sachant plus quoi dire, elle passe l'appareil à Charlotte, qui à son tour voudrait parler à tante Lucie.

– Gustave a-t-il appelé d'Angoulême ? s'enquiert-elle.

Tante Lucie a dû répondre par la négative, car Charlotte se renfrogne. Depuis trois jours qu'elle est à Paris, son mari l'appelle régulièrement tous les après-midi à quatre heures, pour lui donner des nouvelles de leurs fils.

– C'est bizarre ! dit-elle. Il n'a pas pu oublier... De toute façon, il est trop tard pour téléphoner là-bas : ça réveillerait les enfants. Je préfère attendre demain.

Elle rend l'appareil à Porquès qui, entre-temps, a mis la voiture en marche. On roule dans des rues silencieuses, à demi désertes et noires. En lorgnant toutes ces façades aux portes et aux fenêtres closes, Marie-Hélène songe que la plupart des gens, dans cette ville géante, n'ont aucune raison de se réjouir de la libération de Philippe Crémonnière. Sa solitude, dans le bonheur filial, loin de l'indigner, l'excite et l'amuse. Il lui plaît d'être singulière. Elle est si bien disposée qu'à la demande de sa sœur elle accepte qu'on s'arrête dans un bistrot pour manger un sandwich. En fait, Charlotte préférerait un vrai repas à ce casse-croûte improvisé, mais Marie-Hélène lui signale que tante Lucie a sûrement préparé un petit souper pour fêter le retour de leur père et qu'elles se doivent d'y faire honneur. Aisément convaincue, Charlotte se contente de son en-cas. L'ayant avalé, elle déclare même qu'elle est prête à patienter jusqu'à l'aube, s'il le faut, devant la porte de la prison. Porquès la rassure : dans une heure et demie au plus, elles pourront serrer leur père dans leurs bras. On remonte en voiture. Porquès conduit avec lenteur. Peut-être pour avoir moins à attendre quand on sera sur place. Enfin l'auto s'engage dans la rue de la Santé. Ici commence le royaume des réprouvés. Des murs nus s'allongent à perte de vue. On se range un peu à l'écart du grand portail, pour ne pas attirer les regards. Déjà une douzaine de photographes et de journalistes sont à l'affût sur le trottoir d'en face. Ils guettent la sortie de Philippe Crémonnière.

– C'était inévitable, grogne Porquès. Préparez-vous, dès demain, à un fameux tam-tam dans la presse, à la radio, à la télévision…

Cette perspective ne déplaît pas à Marie-Hélène. Elle a mis tant d'acharnement à défendre l'honneur de son père qu'elle a hâte de voir l'innocence de Philippe Crémonnière saluée par ceux-là mêmes qui l'ont injustement incriminé. Elle aurait voulu qu'il y eût dix fois plus de journaux en France pour célébrer l'événement. À son avis, la lutte qu'elle a entreprise ne peut s'achever par la simple révision d'un procès en cour d'assises. Philippe Crémonnière n'est pas seulement la victime d'une erreur judiciaire ; il est le symbole vivant de toutes les iniquités dont souffre la planète. C'est l'humanité entière qui lui doit excuses et réparation. Tandis qu'elle ronge son frein, les minutes se traînent, face à cette forteresse inexorablement cadenassée. À croire que son portail est aussi lourd qu'une pierre tombale. Et s'il ne s'ouvrait jamais ? Si tout le monde, à l'intérieur, gardiens et prisonniers, était mort parce que le reste de l'univers se désintéressait d'eux ? Charlotte suggère qu'on descende de voiture pour se dégourdir les jambes, mais Porquès fait observer que, s'ils se montrent, ils seront immédiatement assaillis par les journalistes et les photographes.

– Ce soir, contentons-nous d'accueillir votre père et de le ramener chez lui au plus vite, conseille-t-il. Les déclarations à la presse peuvent attendre !

– Mais je ne tiens à faire aucune déclaration à la presse, maître ! proteste Charlotte. Et je ne veux surtout pas qu'on voie ma photo dans les journaux ! Mon mari serait furieux... Moins on parlera de cette affaire, plus je m'estimerai satisfaite.

Marie-Hélène a un sourire de commisération pour cette sœur qui refuse d'assumer le destin de sa famille. La peur de dresser la tête hors du troupeau enlève à Charlotte jusqu'au plaisir d'avoir eu raison dans ce combat contre l'injustice.

– D'ailleurs, j'ai l'intention de rentrer à Angoulême demain soir, dit-elle pour couper court à tous les commentaires.

– Tu feras bien ! réplique Marie-Hélène entre ses dents. Tu n'as plus rien à faire ici... Tu aurais même pu ne pas venir...

Tandis qu'elle parle, son cœur se fige. Une petite porte s'est ouverte à côté du grand portail de la prison. Un homme malingre apparaît dans la clarté blafarde des lampadaires. Il hésite, comme étonné par le vide soudain qui le happe. Ses genoux fléchissent un peu. Il tient une mallette à la main. Un voyageur quelconque qui débarque sur le quai d'une gare inconnue. Mais déjà les journalistes se précipitent. Les flashes des photographes éclatent de droite et de gauche. Mitraillé, affolé, Philippe Crémonnière voudrait fuir et vacille sur ses jambes.

– Allons-y ! s'écrie Porquès. Il faut le tirer de là ! Ils sont foutus de le rendre malade avec leurs caméras et leurs boniments !

Il se rue vers eux. Les deux femmes le suivent. Des dos s'écartent pour leur livrer passage. On les reconnaît. Des ombres gesticulantes les interpellent :

– Mesdames, maître Porquès !... Vos impressions après ce procès !... Quelques mots pour mon journal !...

Un micro se tend vers Marie-Hélène. Porquès l'écarte de la main :

– Pas maintenant !... Demain... Venez demain !...

– Où ça ? demande un journaliste.

Payant d'audace, Marie-Hélène répond à la place de Porquès :

– Chez mon père, rue de l'Université... À midi...

Les quémandeurs s'éloignent.

– Tu n'aurais pas dû! grogne Charlotte.

– Mais si ! dit Porquès. Nous devons exploiter notre succès, mettre les médias de notre côté, relever la tête... Je viendrai vous soutenir...

– Oh ! oui, venez ! s'exclame Marie-Hélène. Merci, merci pour tout !

Porquès a pris Philippe Crémonnière par le bras et l'entraîne vers la voiture. Quand il l'a fait asseoir à côté de lui, il dit avec détermination :

– Courage, monsieur Crémonnière ! Le cauchemar est fini ! Une nouvelle vie commence !

Pelotonnée sur la banquette arrière, dans le dos de son père, Marie-Hélène lui pose une main sur l'épaule et murmure :

– Papa, papa ! Comment te sens-tu ? Parle-moi, regarde-moi...

Il tourne la tête vers elle, en silence. Dans la pénombre, elle distingue à peine l'expression de son visage. Il respire difficilement. Sans doute a-t-il marché trop vite. Au bout d'un moment, elle devine qu'il pleure. Elle n'est pas étonnée. Elle-même a les larmes aux yeux sans comprendre pourquoi.

– Dépêchez-vous, maître ! gémit-elle. Tante Lucie nous attend !

II

Tout au long de la nuit, Marie-Hélène a revécu dans la fièvre les péripéties du procès de la veille. Tantôt en rêve, tantôt au cours de ses insomnies, elle a tenté de faire le point sur une situation dont les conséquences lui échappent encore. Hier, pendant le souper, elle a été frappée par l'air absent et presque morose de son père. Était-il vraiment heureux d'être sorti de prison ? Pressé de questions par ses filles, il ne leur avait rien dit sur ses derniers jours de détention, ni sur son soulagement d'en avoir fini avec la justice. Si Porquès n'avait pas été là, leur petite réunion de famille aurait ressemblé à un repas de funérailles. Mais il avait su meubler les silences avec habileté, évoquant d'autres erreurs judiciaires célèbres, rapportant des anecdotes amusantes sur ses anciennes plaidoiries. Quelle faconde, quelle santé, quelle diversité de talents chez ce personnage déroutant, en qui elle n'a longtemps vu qu'un avocat méthodique et efficace ! Tout en parlant, il mangeait d'un bel appétit. Tante Lucie pouvait être contente : son gratin de homard était succulent. Même papa lui en avait fait compliment. Mais, à l'évidence, elle avait l'esprit ailleurs. Assise à côté de lui, elle le couvait du regard. Elle avait posé une main protectrice sur celle du « cher revenant », comme elle l'appelait avec une affectation comique. Cette familiarité avait, sur le moment, agacé Marie-Hélène. Elle y avait subodoré une dérisoire tentative de séduction. Comment cette vieille fille maniaque et rance pouvait-elle s'imaginer qu'elle finirait par supplanter la morte dans la maison ? Sans doute, bien qu'ayant dépassé l'âge des grands sentiments, n'avait-elle toujours pas digéré le mariage de sa jolie cousine avec un homme dont, à son avis, elle seule eût mérité de partager l'existence. Encore heureux que les stupides prévenances de tante Lucie aient laissé papa indifférent ! Après le dessert, il s'était déclaré trop fatigué pour prolonger la soirée. On l'avait accompagné jusque dans sa chambre. Ses filles et tante Lucie l'avaient aidé à se mettre au lit. Puis Porquès s'était retiré : il avait rendez-vous très tôt à son cabinet, le lendemain, avec un client. Dès son départ, Marie-Hélène s'était sentie anormalement désemparée. Elle n'avait pas envie de se coucher et ne savait à quoi s'employer. Pour combattre sa bizarre impression de désœuvrement et de solitude, elle avait décidé de ne plus penser qu'à ce père

« inespéré » rendu à son affection et à ses soins après une douloureuse absence de huit ans. Elle y pense encore ce matin, en se renfonçant frileusement sous les couvertures. Une vision ne la quitte pas : la main de tante Lucie sur la main de son père. Ses idées galopent. Maintenant que papa a recouvré la liberté, ne va-t-il pas vouloir oublier le passé, réapprendre à vivre, chercher une femme à sa convenance ? Après tout, il n'a que soixante ans. Et tante Lucie combien ? Guère plus en tout cas ! Marie-Hélène a entendu parler d'hommes et de femmes encore plus âgés qui tombent amoureux l'un de l'autre dans des maisons de retraite. Ils unissent avec délices leurs rhumatismes, leurs défaillances sexuelles et leurs dentiers. Certains vont même, dit-on, jusqu'au mariage. Horrifiée, Marie-Hélène allume sa lampe de chevet et saute hors de son lit. Ce n'est pas le moment de se prélasser. Il faut veiller au grain. Si elle sait être vigilante, le pire sera évité. En vérité, elle préférerait que son père retournât en prison plutôt que de le voir épouser tantine. Mais, aussitôt, elle se ressaisit et s'accuse de fantasmes. Elle se répète que tante Lucie est une créature pétrie de bonté et d'abnégation, qu'il n'y a rien à redouter d'elle et que, de toute façon, seul compte le bonheur de papa.

A-t-il seulement pu dormir après cette longue journée d'agitation et d'angoisse ? Il est six heures et demie du matin. La maison est un bloc de silence et d'immobilité, alors que, derrière les fenêtres, les éboueurs vident déjà les poubelles. Marie-Hélène enfile un peignoir et se glisse dans le corridor. La chambre de son père est tout au fond, à côté de la salle de bains. Elle s'avance à pas de loup et colle son oreille au battant. Pas un bruit. La porte n'est pas fermée à clef. Elle l'entrebâille avec des précautions de voleuse. Son père a laissé une veilleuse allumée sur sa table de nuit. Il repose sur le dos, dans le grand lit qu'il occupait jadis avec maman. Les mains croisées sur la poitrine, la tête renversée, la bouche ouverte, il ronfle. Sa pâleur, sa maigreur font penser à la mort... Marie-Hélène lui a vu ce visage cadavérique lorsqu'il a été opéré, trois ans auparavant, d'un cancer de l'intestin. Sa maladie avait été détectée par un médecin de l'administration pénitentiaire alors qu'il était encore incarcéré dans le centre de détention de Melun. De là, il avait été transporté à l'hôpital de Fresnes. Un hôpital ou une prison ? Les deux à la fois. Ici, ceux qui guérissaient ne pouvaient espérer au mieux que le retour entre les murs d'un cachot. Marie-Hélène avait redouté, à l'époque, que son père ne fût livré aux mains d'un chirurgien incompétent et expéditif. Il est bien connu que les as du bistouri se consacrent à une autre clientèle que celle des rebuts de la société. Or, l'intervention avait réussi à merveille. Après quelques séances de chimiothérapie et une courte convalescence, toujours sous la surveillance des gardiens, Philippe Crémonnière avait pu regagner le centre de détention de Melun. Là, chaque fois que Marie-Hélène venait le voir au parloir, elle constatait l'amélioration de son état physique et moral. Puis, à dater de la demande de révision du procès devant la cour d'assises de Paris, il avait été transféré à la Santé. C'est alors que Marie-Hélène, qui continuait à le visiter de semaine en semaine, avait décelé chez lui les premiers signes de cette lassitude, de ce découragement dont elle espère aujourd'hui que la vie familiale saura le guérir.

Il faut avouer que les démarches pour obtenir la révision du procès ont été interminables et exténuantes. Marie-Hélène en a suivi, pendant des mois, les péripéties, passant par des hauts et des bas, courant du cabinet de Porquès au parloir de la prison, relisant dix fois, sans les comprendre, les textes juridiques que lui soumettait l'avocat, tâchant de se renseigner par elle-même sur les chances de succès de l'affaire en compulsant des manuels de jurisprudence et des traités de droit pénal. À chaque pas, l'appareil judiciaire se dressait devant elle avec une autorité aveugle. Elle avait parfois l'impression d'affronter un rocher de granit avec un sabre en carton. Heureusement, Me Porquès maintenait le cap contre vents et marées. Cependant, malgré ses assurances, son client dépérissait et flanchait. Ce n'était plus avec rage, mais, semblait-il, par habitude qu'il criait encore son innocence. Et voici que la récompense de tant d'efforts était venue, éclatante, définitive. Philippe Crémonnière était délivré de tout opprobre, lavé de tout soupçon. En regardant son père pris à la gorge par le sommeil, Marie-Hélène se demande à quoi il pense dans son rêve. Se croit-il toujours derrière les barreaux ? Habitué à sa rude paillasse de prisonnier, goûte-t-il le confort du large lit conjugal qu'il ne partage plus – hélas ! – avec personne ? Et tout à l'heure, en rouvrant les yeux, aura-t-il envie de flâner dans les rues de Paris, de coudoyer des gens normaux pour se prouver qu'il est normal lui-même ? Bref, sera-t-il de nouveau un « battant » prêt à affronter les soucis et les joies de l'existence quotidienne ou un survivant à jamais malade d'un drame vieux de neuf ans ? Tout en souhaitant que son père remonte à la surface, Marie-Hélène craint confusément qu'il n'oublie trop vite le passé. Sans se l'avouer, elle espère qu'il aura encore besoin d'elle pendant longtemps avant de se remettre debout et de regarder le monde en face. Elle aimait tellement le prisonnier ! Aimera-t-elle autant l'homme libre ?

Mais il bouge, sa respiration s'accélère. En le voyant crisper ses doigts sur le bord de la couverture, Marie-Hélène appréhende soudain qu'il ne s'éveille et ne la surprenne dans son tendre espionnage. Lentement, elle referme la porte et revient sur ses pas. En passant devant la chambre de sa sœur, elle s'arrête à nouveau. Comme elle va repartir, elle entend un léger remue-ménage. Charlotte doit être levée. À tout hasard, elle murmure, la joue appuyée contre le battant :

– Charlotte ! Charlotte !

La porte s'ouvre. Charlotte apparaît sur le seuil. Elle aussi a passé un peignoir sur sa chemise de nuit. Elle a les cheveux défaits, la mine brouillée, l'œil éteint.

– Tu ne dormais plus ? s'étonne Marie-Hélène.

– Presque plus, marmonne Charlotte dans un bâillement.

– Je peux entrer ?

– Bien sûr !

Marie-Hélène pénètre dans la chambre, dont les rideaux sont encore tirés, s'assied au bord du lit et demande à brûle-pourpoint :

– Que penses-tu de papa ?

– Rien ! répond Charlotte en haussant les épaules.

– Comment ça, rien ?

– Eh bien oui, quoi ! Il est fatigué, abruti, dépaysé ! C'est forcé, après toutes ces années de prison ! Mais, entre toi et tantine, il ne tardera pas à se requinquer !

– Tu ne trouves pas que tantine exagère ?

– À quel point de vue ?

– Je ne sais pas, moi... Ces sourires, ces yeux doux, sa main sur la main de papa, à table...

– Ça te gêne ?

– Non, mais j'ai peur que ça ne l'exaspère, à la longue…

Charlotte s'installe à côté de sa sœur et la dévisage avec un sourire indulgent d'infirmière. Tout à coup, c'est elle l'aînée, la raisonnable, la donneuse de conseils :

– Cesse donc de t'interroger sur les sentiments de papa, les idées de papa, les souvenirs de papa !… Occupe-toi un peu moins de lui et un peu plus de toi !

– Je ne peux pas ! soupire Marie-Hélène. C'est plus fort que moi : il faut que… j'entre dans sa cervelle, tu comprends, que je déchiffre ce qui s'y passe…, que je fasse le ménage là-dedans !… J'ai besoin de le savoir heureux pour être heureuse !

Charlotte lève les yeux au plafond pour y chercher une réponse à la question qui la préoccupe, réfléchit un instant et commente :

– C'est drôle : toi, tu n'as que papa en tête ; moi, je n'ai que mon mari et mes enfants… Si je te disais que je n'ai pas cessé de penser à eux, hier, pendant tout le procès !…

– Je sais, réplique Marie-Hélène. Et c'est bien ce que je te reproche !

– Pourquoi ? Chacun est né pour suivre son destin. Mon destin à moi, c'est eux, c'est ma petite famille, c'est mon intérieur… Tiens, si tu me demandais tout de suite ce que je souhaite le plus au monde, je te répondrais sans hésiter : un appartement confortable, dans le centre d'Angoulême ! Offre-moi un quatre-pièces avec balcon et je serai comblée !

– Pourquoi un quatre-pièces avec balcon ?

– Je suis prévoyante : quand les enfants grandiront, ils auront besoin d'espace. Et un balcon, c'est si agréable par beau temps ! On peut y prendre le frais, le garnir de fleurs. J'adore les géraniums ! Pas toi ?

Marie-Hélène courbe les épaules, accablée par la banalité des rêves de sa sœur.

– Tu as peut-être raison… balbutie-t-elle. On a toujours intérêt à choisir une cible à sa portée. Moi, je dois viser trop loin, trop haut…

– Et qu'est-ce que tu vises, au juste ? demande Charlotte, soudain ironique.

Interloquée, Marie-Hélène avoue :

– Je n'en sais rien !

Charlotte fronce les sourcils et, forte de son expérience conjugale, décrète :

– Tu devrais te marier !

– Avec qui, grand Dieu ? interroge Marie-Hélène dans un éclat de rire.

– Regarde autour de toi, cherche… Tu es jolie ! Plus jolie que moi, en tout cas ! Maman elle-même le disait quand nous étions petites… Eh bien, tu vois, moi j'ai trouvé ! Et très vite, encore ! J'ai trouvé et je suis heureuse !

Marie-Hélène n'ose lui dire qu'elle ne voudrait pour rien au monde de ce bonheur-là.

Revenant à son dada, Charlotte reproche maintenant à sa sœur d'être trop sérieuse :

– Tu raisonnes tellement sur les grandes choses que tu en oublies toutes les petites, qui font pourtant les meilleures joies d'une vie… À vingt-quatre ans, tu te comportes comme si tu en avais quarante. Tu es trop mûre pour ton âge. Tu n'as pas eu de véritable jeunesse… C'est ça qui te manque !

Pour éviter que la conversation ne dérive vers les habituelles banalités féminines, Marie-Hélène coupe court, se lève, pique un baiser sur le nez de Charlotte et s'en va.

Cependant, revenue dans sa chambre, elle éprouve le besoin de se voir dans une glace. Est-elle vraiment « jolie », comme le prétend Charlotte ? Menue, vive, brune, le regard noir de jais, les lèvres épaisses, elle rappelle d'assez près maman, dont la photo fétiche veille sous la lampe de chevet. Or, maman avait beaucoup de succès auprès des hommes. Trop, sans doute. C'est ce qui l'a perdue. Mais, dans ses yeux, il y avait un pétillement moqueur, une invitation à l'aventure qui faisaient tout son charme. Marie-Hélène a peut-être les mêmes traits, seulement la lumière qui émane d'elle n'a rien d'engageant. Elle est grave, exigeante, violente. Peut-on ressembler tellement à un être par le visage et si peu par le caractère ? Peut-on aimer à ce point sa mère tout en la condamnant ? Cette double question poursuit Marie-Hélène pendant qu'elle s'active dans son cabinet de toilette, se maquille, s'habille… Quelle robe mettre ? Peu importe ! Elle n'a personne à séduire. Si : son père, peut-être… Mais est-il encore en état de s'intéresser à elle ? Machinalement, et comme à regret, elle choisit dans la penderie son ensemble printanier jaune paille, qui fait ressortir son teint de brune et avive l'éclat sombre de ses prunelles.

À sept heures et demie pile, elle entend fourgonner dans la cuisine. C'est la « femme à tout faire », Rosine, qui commence son travail. Bien qu'étant restée tard la veille pour servir à table et laver la vaisselle, elle est ce matin d'une ponctualité rigoureuse. Marie-Hélène apprécie son respect de la discipline. Malgré son nom poétique, Rosine est une robuste Bretonne de trente ans, dont les seuls défauts sont une curiosité dévorante et une fâcheuse propension au bavardage. Hier soir, elle s'est réjouie du retour de Monsieur comme s'il venait d'accomplir un exploit sportif. Bien que le voyant pour la première fois, elle avait clamé à plusieurs reprises : « On a gagné ! On a gagné ! » La maison ayant une « double direction », c'est alternativement auprès de tante Lucie et de Marie-Hélène qu'elle va chercher ses ordres. Aujourd'hui, Marie-Hélène prend les devants et aborde Rosine alors que celle-ci se prépare à nettoyer le carrelage de la cuisine.

– Laissez ça ! dit-elle. Il y a plus urgent ! Allez vite m'acheter les journaux !

– Quels journaux, mademoiselle ?

– Tous.

La ronde figure de Rosine s'illumine :

– C'est rapport à l'affaire de Monsieur ?

– Oui !

La domestique dénoue les brides de son tablier et s'élance vers la porte. À peine s'est-elle éloignée que Marie-Hélène déjà s'impatiente. Rosine n'est-elle pas en train de cancaner, en cours de route, avec des voisins ? Personne n'est encore levé dans l'appartement. Même Charlotte doit s'être recouchée. Marie-Hélène est seule aux aguets. Enfin, une porte qui se referme, des pas qui se rapprochent dans le couloir. Rosine reparaît, les bras chargés de journaux.

Marie-Hélène se jette dessus avec voracité. Des titres en caractères gras lui sautent à la figure : « Coup de théâtre dans l'affaire Crémonnière. » « Une réhabilitation exemplaire. » « Le jury de Paris efface l'erreur du jury de Nice. » « Tout est bien qui finit bien… » Çà et là, des photos de papa, l'air traqué, et de son avocat, superbe d'assurance. Parfois, la photo en médaillon de « la victime », Simone Crémonnière. Celle-là même que Marie-Hélène contemple chaque soir, sur sa table de nuit, avant de s'endormir, celle sur laquelle la ressemblance entre mère et fille est si étrange… Du *Figaro* à *Libération* en passant par *L'Humanité* et *Le Parisien,* toute la presse rend hommage à l'homme qui a dû attendre huit ans, dans la honte, le silence et les privations, avant de pouvoir démontrer son innocence. Le regard de Marie-Hélène court sur les lignes, avec autant de passion que si elle lisait une déclaration d'amour à elle destinée. Au fur et à mesure qu'elle avance dans ce panégyrique de son père, elle savoure mieux l'orgueil de la revanche. Avec lui, c'est elle qui triomphe, parce que jamais, jamais elle n'a douté de lui. Vite, il faut montrer ces bulletins de victoire aux autres !

Justement, le reste de la famille s'ébroue enfin dans les profondeurs de la maison. Dès que tante Lucie et Charlotte l'ont rejointe dans la salle à manger pour le petit déjeuner, Marie-Hélène étale les articles sous leur nez. Tante Lucie les parcourt et s'émerveille.

– Ton père va être si content ! s'écrie-t-elle.

Charlotte, en revanche, fait la grimace. Pointant son doigt d'un titre à l'autre, elle commente avec aigreur :

– C'est beaucoup trop ! Je déteste ce battage ! Ils vont nous faire passer pour des bêtes curieuses... Demain, on se retournera sur nous dans la rue...

Sur ces entrefaites, papa arrive, la savate traînante, le pyjama chiffonné et les joues hérissées de poils gris. Il a mal dormi, il est rompu ; il voudrait une tasse de café au lait bien chaud et des tartines. Pendant qu'il se restaure, Marie-Hélène lui soumet victorieusement la collection des quotidiens du matin. Il détourne les yeux :

– Je m'en fous ! grogne-t-il. Plus vite on oubliera cette sale histoire, mieux ça vaudra !

– Tu ne veux même pas lire ce qu'on dit de toi ? insiste Marie-Hélène.

– Non.

– Mais tu es heureux, papa ?

– Bien sûr ! La preuve : passe-moi le miel, il y a longtemps que je n'en ai pas goûté !

– Tu aurais dû me le dire : je t'en aurais apporté là-bas.

– Ça n'aurait pas été la même chose qu'ici !

– Tu vois, tu as besoin de nous, de notre maison, de nos habitudes... À présent, une page est tournée, papa... Nous allons pouvoir revivre comme autrefois !

Il balance sa petite tête de parchemin, aux joues creuses et au crâne coiffé d'une houppette de cheveux gris en désordre :

– Pas comme autrefois, ma chérie... J'ai vieilli... Je suis au bout du rouleau...

Marie-Hélène tressaille. Cette plainte misérable fouette son énergie comme un appel au secours :

– Je t'aiderai à reprendre le dessus. Il faudrait que tu changes d'air, que tu te reposes, que tu partes en vacances..., à la montagne..., à la mer...

Dès qu'elle a prononcé le mot « vacances », elle a été envahie par les souvenirs ensoleillés de Peymeinade. Un instant éblouie, elle chasse de sa tête les images si gaies et si vénéneuses du passé. Sans doute son père a-t-il deviné son malaise. Il grommelle :

– Je n'aime pas les vacances ! Elles m'ont coûté trop cher...

Pour rompre la gêne qui s'installe soudain autour de la table du petit déjeuner, Charlotte décide qu'elle va téléphoner à son mari, dont elle n'a pas eu de nouvelles hier. Il y a un appareil à portée de main dans la pièce. C'est l'heure où Gustave Paupelet est à son travail. Elle le joint sans difficulté. Pendant qu'elle lui parle, tous observent un silence de stricte discrétion. La conversation dure longtemps. On a tant de choses à se dire entre époux ! Enfin Charlotte raccroche le combiné et, le visage rayonnant, déclare :

– Tout va bien ! Ma belle-mère s'est occupée des enfants en mon absence. Et Gustave m'a même dit, sous le sceau du secret, qu'il est question de le nommer à la tête du service commercial des papeteries Le Floch. Vous vous rendez compte ? Il y était entré il y a quinze ans comme simple représentant ! C'est une ascension vertigineuse ! Bien entendu, il sera augmenté en conséquence ; j'en saurai plus dès mon retour à Angoulême. Ah ! j'ai hâte d'y être ! Je suis folle de joie !...

On la félicite. Elle roucoule de satisfaction. Manifestement, la promotion de son mari la réjouit plus que la libération de son père. Sur quoi elle annonce qu'elle compte repartir dès ce soir, par le train de dix-huit heures cinquante :

– C'est un T.G.V. Il met moins de trois heures !

Personne ne songe à la retenir. Peu après, la famille se disperse, chacun allant à ses occupations : papa retourne dans sa chambre pour tâcher d'y dormir encore un peu, Charlotte dans la sienne afin de préparer ses valises et tante Lucie, réfugiée dans le salon, se met en devoir de découper les articles des journaux et de les coller dans un cahier qui constituera, dit-elle, un « album-souvenir ». Marie-Hélène la regarde faire avec un mélange d'irritation et d'attendrissement. Au bout de quelques minutes, elle s'assied à côté d'elle pour l'aider dans sa pieuse besogne de collectionneuse.

À midi moins dix, on sonne à la porte : ce sont trois des journalistes de la veille. Marie-Hélène ne se rappelait plus qu'elle leur avait fixé rendez-vous, hier, dans un moment d'euphorie. Au vrai, elle n'est pas mécontente de les retrouver, à tête reposée. Les ayant fait entrer dans le salon, elle va prévenir son père de leur visite. Il refuse de les recevoir.

– Débrouille-toi avec eux ! dit-il à travers la porte. Moi, je ne veux voir personne ! J'en ai marre, marre !...

Charlotte, elle aussi, se dérobe à toute confrontation avec ceux qu'elle nomme des « colporteurs de ragots ». Quant à tante Lucie, elle est si troublée par ces étrangers qui viennent enquêter sur le passé de la famille qu'elle préfère rejoindre sa chambre. Par chance, Me Porquès arrive à temps, conformément à sa promesse, pour sauver la situation. En sa présence, Marie-Hélène recouvre tout son aplomb et goûte même un certain plaisir à répondre aux questions, parfois indiscrètes, dont on la bombarde : « Comment avez-vous vécu ces années pendant lesquelles votre père était en prison ? » « Alliez-vous souvent lui rendre visite au parloir ? » « Pourquoi avez-vous choisi Me Étienne Porquès comme avocat ? » « Quels étaient vos rapports avec votre mère ? » « Étiez-vous au courant de sa conduite ? » « Pressentiez-vous un drame quand vous partagiez la vie de vos parents ? À quinze ans, on doit tout de même se douter de quelque chose… »

Ces fouineurs croient la mettre sur la sellette, mais, loin de la démonter, chaque piège qu'ils lui tendent la fait rebondir. Elle s'amuse à se confesser devant eux avec une ironie provocante. Quand elle hésite sur une réplique, c'est Me Porquès qui prend le relais. À tous les deux, ils ne tardent pas à mettre les journalistes dans leur poche. Payant d'audace, l'un d'eux dit à Porquès :

– Entre nous, vous avez dû être ravi que votre client ait subi une grave opération alors qu'il était encore en prison ! Ça vous aura permis d'attendrir les jurés sur son état de santé…

– … et d'attirer l'attention du public sur la qualité des soins prodigués dans un établissement hospitalier placé sous régime pénitentiaire ! ajoute l'avocat, sarcastique. Non, non, monsieur, il n'y a eu là aucune habileté de ma part. Si M. Crémonnière a été reconnu innocent, ce n'est pas grâce à quelques subtilités de plaidoirie, mais grâce à l'exactitude de ses affirmations et à l'absence de preuves sérieuses à son encontre !

– Et comment se porte M. Crémonnière à présent ? interroge un autre journaliste.

– Demandez-le à sa fille, répond Porquès avec une amabilité appuyée.

– Il va bien, dit Marie-Hélène. Je crois que sa maladie n'est plus qu'un mauvais souvenir. Je souhaite qu'il oublie aussi facilement sa captivité. Mais les dernières heures du procès l'ont beaucoup éprouvé… Laissez-lui le temps de s'habituer au bonheur après des années de malheur…

Pour clore l'entretien, un photographe mitraille le couple : l'avocat glorieux et la fille de l'ex-pensionnaire de la Santé, debout côte à côte et souriant de leur commune victoire. Puis les trois importuns déguerpissent et Marie-Hélène, sans même aller consulter son père, demande à Me Porquès de rester déjeuner à la maison. Mais il est invité par ailleurs, ne peut se décommander à la dernière minute et en paraît sincèrement désolé. En le reconduisant dans l'antichambre, Marie-Hélène revient à voix basse sur son principal souci :

– Malgré ce que nous avons dit aux journalistes, je persiste à croire que la partie n'est pas tout à fait gagnée. La justice a libéré le corps de mon père, mais non son esprit. Il s'adapte mal. Je suis inquiète pour lui.

– Et moi, je suis inquiet pour vous, lui rétorque-t-il avec douceur. Vous prenez tout trop à cœur, Marie-Hélène ! Vous êtes une écorchée vive !

– Est-ce un compliment ou une critique ?

– Dans ma bouche, c'est un compliment. Un grand compliment ! Croyez-moi, si j'avais une sensibilité aussi exacerbée que la vôtre, je ne pourrais pas faire mon métier, ou je le ferais très mal !

– En somme, d'après vous, nous nous complétons, murmure-t-elle avec une étincelle d'agressivité dans le regard.

– Exactement ! dit-il.

Et, lui prenant la main, il l'effleure de ses lèvres. Elle en est si troublée que, lorsqu'il a franchi la porte, elle s'adosse un moment au mur pour reprendre son équilibre. Tout à coup, elle songe qu'elle a bien fait de mettre cet ensemble jaune paille. Rosine chantonne dans la cuisine. Un soleil radieux embrase les vitres. On se croirait au plus clair de l'été. En retrouvant son père, Charlotte et tante Lucie pour le déjeuner, Marie-Hélène leur dit allégrement que les journalistes ont été très corrects, très « professionnels », et qu'elle a résolu d'accorder désormais toutes les interviews qu'on lui réclamerait. Comme nul ne relève le défi, elle conclut logiquement que la famille entière lui fait confiance pour mener la barque. Le repas est servi par Rosine, qui, selon son habitude, babille à tort et à travers. Elle est la meilleure gazette du quartier : « Toute la rue est au courant, raconte-t-elle en passant les plats. On ne parle que de ça chez les commerçants... Les gens vous aiment bien, vous savez !... Ils disent que, pour une fois, la justice a été juste... Ils me demandent des détails... »

– Ne leur en donnez pas trop, Rosine ! tranche Charlotte avec sévérité.

En sortant de table, Philippe Crémonnière se retire pour faire une sieste. Mais, durant tout l'après-midi, la sonnerie du téléphone hache le silence. Tour à tour, tante Lucie, Charlotte et Marie-Hélène décrochent le combiné. La plupart du temps, ce sont d'anciens amis de « monsieur » Crémonnière qui l'appellent pour le congratuler. Or, il ne veut toujours pas qu'on le dérange. Quel qu'il soit, le correspondant a droit à la même réponse évasive de la part de l'une ou de l'autre :

– Je lui transmettrai votre appel... Il sera très touché, mais il ne peut pas venir à l'appareil pour l'instant... Excusez-le.

Malgré tout, Marie-Hélène se croit obligée de communiquer à son père les noms de ceux qui viennent de l'appeler. Chaque fois, il se fâche, comme si cette tardive marque de sympathie lui était plus déplaisante que le mépris d'hier :

– Ils sortent de leurs trous après l'orage, grogne-t-il. Ils ne s'intéressaient pas à moi quand j'étais en prison. Pourquoi les écouterais-je aujourd'hui ?

Néanmoins, lorsque Marie-Hélène frappe à sa porte pour lui dire que Bouvier, son ancien fondé de pouvoir à la Cofidec, souhaiterait lui parler, il hésite :

– C'est un brave type, marmonne-t-il. Mais lui aussi va m'assommer de faux compliments, de fausses déclarations d'amitié !

– Eh bien, dit Marie-Hélène, ça ne te fait pas plaisir que tant de gens, après avoir douté de toi, te rendent leur estime ?

– Non !

– Que veux-tu donc, papa ?

– Je te l'ai déjà dit : la paix !

Désappointée, Marie-Hélène retourne au téléphone et répond à Bouvier, comme aux autres, que son père est très sensible à son témoignage d'amitié mais qu'il n'est pas en état de causer avec lui.

Le train de Charlotte n'est qu'à dix-huit heures cinquante. Or, dès dix-sept heures, elle est prête à partir. Manifestement, elle est impatiente de fuir son père, sa sœur, les journalistes, les cancans de Paris, les problèmes inextricables de la famille ; elle rêve d'Angoulême comme d'un paradis dont elle a été injustement chassée. Marie-Hélène l'accompagne à la gare. Chemin faisant, Charlotte fulmine contre le chauffeur de taxi qui prend un itinéraire absurde. En dépit de ses appréhensions, toutes deux débarquent sur le quai avec vingt-cinq minutes d'avance. L'attente paraît aussi pesante à Marie-Hélène qu'à Charlotte. N'ayant plus rien à se dire, elles se taisent et piétinent. Enfin le T.G.V. se présente devant le groupe clairsemé des voyageurs. Au moment de monter dans son wagon, Charlotte laisse tomber négligemment :

– J'espère que tout ira bien, maintenant. Appelle-moi dans quelques jours pour me donner des nouvelles de papa !

– Évidemment ! dit Marie-Hélène.

– Mais ne téléphone pas le matin !... Le matin, je suis débordée : les enfants, la maison...

– Je sais, je sais ! soupire Marie-Hélène. Ou, du moins, j'imagine...

Et, machinalement, elle conclut :

– Embrasse Gustave et les petits de ma part.

– Ça, tu peux y compter ! s'écrie Charlotte, avec fougue, en se hissant sur le marchepied.

Un dernier signe de la main et Marie-Hélène s'éloigne. Elle n'est pas restée jusqu'au départ du train. Trop d'amabilités l'ont excédée. Après tout, elle aussi on l'attend à la maison. Qui ? Son père, bien sûr ! Mais elle songe presque autant à Porquès, qui a promis de l'appeler dans la soirée. Elle croit entendre sa voix tandis qu'elle se dirige en automate vers la sortie. La grisaille et la saleté du hall, la bousculade aveugle des passants, l'odeur de poussière et de gaz d'échappement qui monte de la ville lui paraissent soudain annonciatrices d'un grand bonheur. Elle grimpe dans un taxi et se fait arrêter un peu plus loin, devant un kiosque, pour acheter les rares journaux qui lui manquent. Les quotidiens du soir renchérissent sur ceux du matin. Dès qu'elle est remontée en voiture, elle parcourt les titres de première page. Une formule de *France-Soir* retient son attention : « Philippe Crémonnière, blanc comme neige ! » Une autre, du *Monde* : « C'est l'honneur de la justice de savoir, quand il le faut, reconnaître qu'elle s'est trompée. » Ailleurs, elle voit sa propre photo, prise à la sauvette sans doute, qui s'étale à côté de celle de son père. À l'idée que ces images ont dû être tirées à des centaines de milliers d'exemplaires, qu'elles sont déjà répandues dans toute la France, elle éprouve un mélange d'orgueil et de gêne. Le chauffeur la dévisage dans le rétroviseur. L'a-t-il reconnue ? Elle pourrait détourner la tête. À quoi bon ? Elle a un rôle à tenir. Mieux, une mission à assumer. Avec défi, elle affronte le regard de l'homme dans le petit miroir orientable. Il a une bonne bouille et cligne de l'œil en signe de connivence. Un ami de plus ! Elle lui sourit et décide de le remercier par un généreux pourboire.

III

Après les quotidiens, ce sont les magazines qui s'emparent de l'affaire Crémonnière. Marie-Hélène leur accorde à tous des interviews, en s'efforçant de ne pas trop se répéter de l'une à l'autre. Certes, elle aimerait corser l'intérêt des articles en obtenant que son père assistât aux rencontres avec les journalistes. Mais il exige obstinément d'être tenu à l'écart du bruit qui entoure sa personne. Il refuse même de prendre connaissance de l'abondant courrier qu'il reçoit chaque matin. C'est elle qui lit les lettres et tape à la machine les réponses aux admirateurs de la plus récente « victime des tribunaux ». C'est elle encore qui les signe à sa place. Et elle pose toujours seule pour les photographes. C'est seule également qu'elle est apparue dans un journal télévisé pendant trois minutes. Son père n'a pas jugé utile d'allumer son poste, ce soir-là, pour la voir et l'entendre. Est-ce de sa part un excès de modestie ou la poursuite d'une vindicte contre l'ensemble de l'humanité qui l'a jadis condamné? Marie-Hélène, en revanche, ne se lasse pas de contempler son image, exposée à tous vents dans les kiosques. On la reconnaît de plus en plus fréquemment dans la rue. Elle mesure sa popularité au nombre de sourires qui fleurissent sur son passage. Après des années d'obscurité, elle a l'impression d'appartenir à la France entière. Qu'elle le veuille ou non, elle est une vedette, au même titre qu'un homme politique ou une actrice de cinéma. Et cela simplement parce qu'elle a eu le front de dénoncer l'injustice faite à son père. Elle a si bien pris goût à la vague de sympathie que soulève le « cas Crémonnière » qu'elle appréhende le jour où, balayée par les fluctuations de l'actualité, elle n'intéressera plus personne. Me Porquès l'encourage d'ailleurs à profiter sans tarder de l'occasion. Il va souvent lui rendre visite en sortant de son cabinet, commente les nouveaux échos de leur lutte commune et prépare avec elle les prochains rendez-vous qu'elle a donnés à la presse. Selon lui, cette campagne est fort opportune, car il est précisément question, au gouvernement, d'instaurer, à la place des rarissimes procès en révision, si lourds et si lents, l'appel direct des jugements rendus par une première cour d'assises, au jury restreint, devant une seconde, élargie. Le condamné des assises bénéficierait ainsi d'un double degré de juridiction, comme c'est le cas pour les simples délits. En somme, l'affaire Crémonnière serait l'une des dernières à avoir fait l'objet d'une procédure surannée, exigeant l'intervention de la Commission de révision de la chambre criminelle de la Cour de cassation. Il est tellement convaincu de l'utilité et même de l'urgence de cette innovation qu'il souhaite que Marie-Hélène en prenne prétexte pour écrire un livre de souvenirs. Elle a beau protester qu'elle n'est pas une « littéraire », il l'assure que le style n'est pour rien dans une œuvre de ce genre, que seule compte la sincérité du récit et qu'en racontant très simplement sa vie heureuse avec ses parents avant le drame, son horreur de voir son père accusé d'assassinat, jugé, jeté en prison, alors qu'elle le sait incapable de la moindre violence, son long combat enfin pour le disculper, elle bouleversera tous les honnêtes gens et servira la cause de la vraie justice.

Émue par son enthousiasme, elle hésite cependant à se lancer. Et voici que, ce soir, il arrive à la maison aussi radieux que s'il avait gagné pour la deuxième fois contre le ministère public. Elle le reçoit, comme d'habitude, dans la salle à manger et, comme d'habitude, tante Lucie les laisse seuls, après avoir salué Me Porquès par quelques mots aimables et regretté que M. Philippe Crémonnière n'assiste pas à l'entretien. Mais il est fatigué, dit-elle, il se repose en regardant la télévision dans sa chambre. C'est toujours la même excuse. Marie-Hélène en a pris son parti. À défaut d'approuver la réserve de son père, elle la comprend et la met sur le compte du dépaysement. D'ailleurs, en ce moment, elle préfère qu'il ne soit pas là. Comment aurait-il réagi en entendant Me Porquès annoncer qu'un éditeur de ses amis, Hippolyte Villedieu, président-directeur général de l'établissement du même nom, est très intéressé par le projet d'un livre sur l'affaire Crémonnière, dont l'auteur serait la propre fille de l'innocent persécuté ? En habile commerçant, Villedieu a flairé le succès de l'ouvrage et supputé les bénéfices qu'il rapporterait. Mais, selon lui, il faudrait profiter de l'actuelle publicité créée autour du procès en révision et de la nouvelle loi en chantier pour tenter le coup. Et Me Porquès partage en tout point son avis.

– Plus on attend, plus on risque une désaffection parmi les lecteurs potentiels de ce genre de bouquin, dit-il.

Marie-Hélène s'amuse de son impatience :

– Vous parlez comme si j'avais déjà accepté, insinue-t-elle.

– Mais vous ne pouvez pas ne pas accepter !

– Il faut d'abord que je consulte mon père.

– N'en faites rien : il dirait non !

– Alors quoi ? Vous me conseillez d'écrire ce livre en cachette ?

– Parfaitement !

– Quand il sera publié, mon père apprendra forcément ce que j'ai fait et il sera furieux !

– Je crois, au contraire, qu'il sera très flatté en découvrant que sa fille lui a consacré toutes ces pages de tendres souvenirs et de judicieuses réflexions. Vous vous êtes dispersée en interviews dans la presse, à la radio... Le récit que je vous suggère de faire en rassemblera l'essentiel. Vous l'écrirez tout naturellement, comme vous avez parlé aux journalistes. Au besoin, je reverrai de près votre manuscrit avant de le soumettre à l'éditeur. Mais il faut aller vite, très vite !...

Il a un visage tourmenté, qui exprime à la fois l'imploration et l'exigence. La laideur de ses traits est sublimée par la ferveur de son regard. On dirait qu'il demande à Marie-Hélène un cadeau, alors qu'il lui en offre un puisqu'il n'a en vue que l'honneur et le bonheur de sa famille. Assise en face de lui, dans cette pièce banale au décor bourgeois, avec ses chaises d'acajou rangées autour de la grande table vide et ses bergères de tapisserie à motifs de pastorale, Marie-Hélène s'efforce en vain de clarifier ses idées. Elle est entraînée sur la pente par un poids dont il lui serait pourtant facile de se décharger. Va-t-elle céder pour faire plaisir à Porquès ou pour se faire plaisir à elle-même ? Il ne la quitte pas des yeux. Et, plus il la regarde, moins elle sait ce qu'elle va lui répondre. Pour la décider, il dit :

– En ce qui concerne votre contrat avec l'éditeur, je m'en occupe. Villedieu ne lésinera pas. Je lui ai déjà parlé des conditions, pour préparer le terrain...

– Les conditions, c'est secondaire, balbutie-t-elle.

En même temps, elle songe que, si la publication du livre lui rapporte quelques droits d'auteur, cela aidera la famille, qui est plutôt serrée dans son budget. Papa touche bien, chaque mois, le revenu de ses parts d'associé dans le cabinet de conseillers fiscaux de la Cofidec, mais ces rentrées sont à peine suffisantes pour régler les dépenses quotidiennes de la maison. Cependant, elle hésite à reconnaître son intérêt pour le côté commercial de l'offre de Porquès. Mi-sincère, mi-calculatrice, elle murmure :

– La seule chose qui m'importe, c'est de savoir si je serai à la hauteur de la tâche, vous comprenez ?... C'est tellement nouveau pour moi !

– Je ne vous aurais pas proposé d'écrire ce livre si je n'avais pas lu vos interviews, écouté vos déclarations à la radio... Pour moi, vous êtes tout à fait capable de vous en tirer avec les honneurs ! Voulez-vous que je vous envoie ma secrétaire ? Vous lui dicterez le texte, au fur et à mesure, et elle le prendra en sténo.

– Non, merci, dit-elle, je préfère travailler seule. Je le taperai directement à la machine. C'est d'ailleurs ce que je fais pour mes lettres... Je continuerai pour... notre livre...

Subitement, elle s'aperçoit qu'elle est heureuse de s'avouer vaincue par cet homme dont l'audace va au-devant de ses plus secrets désirs. Il se lève dans un élan de joie et s'écrie :

– Bravo ! Commencez immédiatement ! Et, demain soir, venez me lire les premières pages !

– Mais je n'aurai peut-être rien écrit d'ici là !

– Je suis sûr que si ! Venez ! Je compte sur vous !

Elle se défend de plus en plus faiblement :

– Demain, c'est dimanche... Votre cabinet sera fermé...

– C'est chez moi que je vous attendrai, Marie-Hélène ! À quatre heures, ça vous convient ?

Elle n'est jamais allée chez lui. Elle ne sait même rien de sa vie intime. Est-il célibataire, marié, divorcé, a-t-il une liaison ? Peu importe ! Pour elle, l'avocat a toujours caché l'homme. Dans leur intérêt à tous deux, il faut que cela continue.

– Avez-vous mon adresse personnelle ? demande-t-il.

– Oui, oui, je crois l'avoir notée dans mon carnet... C'est avenue de Tourville, n'est-ce pas ?

– Exactement. Numéro 18. Alors, à demain, Marie-Hélène. Et ne venez pas les mains vides ! J'ai hâte d'entendre le début de *notre* livre !

Elle remarque qu'il a repris sa formule : « notre livre », en appuyant sur le premier mot. Trop émue pour parler, elle acquiesce d'un mouvement du menton. Une poignée de main sur le pas de la porte et Porquès descend l'escalier en sautillant.

Une fois dans sa chambre, Marie-Hélène va directement vers sa vieille machine à écrire et se penche sur le clavier. Au moment d'effleurer les touches, elle constate qu'elle sait déjà comment elle commencera son récit. Y a-t-elle pensé inconsciemment, avant même que Porquès lui ait parlé de son projet ? C'est bien possible : tout est si mystérieux dans leurs relations depuis quelques jours ! Les mots affluent dans sa tête, se pressent au bout de ses doigts. Le ciel est d'un bleu éblouissant au-dessus de Peymeinade. Charlotte tâte d'un orteil frileux l'eau de la piscine. Papa est à Paris pour ses affaires. Il reviendra en fin de semaine. Maman a commandé une grosse ratatouille à Josette, la femme d'Augustin, le gardien, pour le déjeuner. Elle attend la visite du docteur Maudrut, ce médecin de Spéracèdes qui raconte si bien les anecdotes. Sans doute va-t-il se baigner avec les filles ? Maman les regardera, assise sous un parasol. À moins qu'elle ne se décide, elle aussi, à « faire trempette », par cette grande chaleur. Oui, la voici : elle a enfilé son nouveau maillot très échancré, couleur d'améthyste claire, qui moule ses formes graciles et rehausse le hâle doré de sa peau. Jean Maudrut arrive sur ces entrefaites et lui baise la main. Après quoi, il lui parle à l'oreille pour que les enfants ne l'entendent pas. Elle rit. Elle est si belle ! Comment peut-on dire que sa fille aînée lui ressemble ? Le cliquetis de la dactylographie accompagne Marie-Hélène dans sa rêverie anachronique. Elle tressaille, comme prise en faute, quand tante Lucie l'appelle pour le dîner. C'est à regret qu'elle quitte l'Olivette. L'esprit brouillé, elle se promet d'y revenir dès qu'elle aura avalé la dernière bouchée. Hélas ! ce ne sera pas la succulente ratatouille de Josette qui garnira son assiette, mais de la salade et une tranche de jambon insipide que Rosine a achetée au supermarché.

Tout en grignotant cette fade pitance, elle observe son père qui, l'œil fixe, les traits tendus, paraît sur le point de laisser tomber couteau et fourchette. Subitement alarmée, elle l'interroge :

– Tu ne te sens pas bien, papa ?

– Ce n'est rien... Je manque d'appétit, voilà tout...

Pressé de questions, il finit par avouer qu'il a des « ennuis de ventre » et demande qu'on lui achète, dès demain, une boîte de ces suppositoires que lui a jadis prescrits le docteur Lucerne et qui lui ont toujours réussi. Après quoi il va se coucher, presque à jeun, l'air préoccupé, oubliant d'embrasser Marie-Hélène. Tante Lucie décrète :

– J'avais bien dit qu'il ne fallait pas arrêter les suppositoires !

– Tu sais que le docteur Lucerne a recommandé de ne pas en abuser, corrige Marie-Hélène.

– Il n'est pas dans la peau de son malade, le docteur Lucerne !

Marie-Hélène ne peut se retenir de constater :

– Toi non plus, tantine !

Tante Lucie se lève sans répliquer et va préparer, pour papa, une tasse de tilleul-menthe : à son avis, seules les infusions sont souveraines dans ce genre de malaises. La fin du repas se déroule dans un silence de veillée d'armes.

– C'est exactement ce que je souhaitais ! s'écrie Porquès. Continuez ainsi, et vous gagnerez la partie !

Soulagée, Marie-Hélène range dans son sac à main les trois premières pages qu'elle a apportées pour les lire et dit :

– Ce n'est qu'un début ! Le plus dur reste à faire...

– Le plus émouvant, aussi ! Vous vous en tirez à merveille ! Nous allons boire un verre pour fêter le coup d'envoi de vos travaux... Au fait, comment voulez-vous intituler votre livre ?

Elle n'hésite pas :

– *La Vérité sur l'affaire Crémonnière.*

– N'est-ce pas un peu sévère ?

– Mais le livre sera sévère, maître !

– Je ne le crois pas. Enfin, puisque vous y tenez… En tout cas, ne m'appelez plus maître, je vous en prie ! Porto, xérès, whisky ?

Elle répond : « Porto ! » au hasard et jette un regard autour d'elle. C'est donc là qu'il habite, une pièce fourre-tout, avec des tables basses encombrées de bouquins et des paperasses entassées jusque sur les fauteuils. N'a-t-il pas assez de son cabinet d'avocat pour y caser ses dossiers ? Visiblement, il ne se soucie guère de son intérieur. Pour peu qu'il ait de quoi s'asseoir, écrire, dormir, le reste ne l'intéresse pas. Néanmoins, il y a au mur un grand et beau tableau, représentant des livres empilés, une bouteille de vin à demi vide, un quignon de pain. Cette nature morte aux volumes lourds, aux tons assourdis la fascine. S'il l'a choisie et l'a suspendue là, c'est qu'elle correspond à la rude simplicité de son caractère. Elle remarque aussi, sur un délicat guéridon de marqueterie Louis XV égaré au milieu du capharnaüm, la photographie d'une jeune femme blonde, à l'air évaporé, qui sourit dans un cadre de métal. Il a suivi son regard et explique sans le moindre embarras :

– J'avais vingt ans lorsque je l'ai épousée. Elle est morte à mes côtés, dans un accident de la route, deux ans à peine après notre mariage. C'était moi qui conduisais. Je m'en suis tiré sans une égratignure. Sa famille, ses amis m'ont accusé d'avoir pris le volant alors que j'avais trop bu… J'ai eu beau leur jurer qu'il n'en était rien, ils ne m'ont pas cru. Or, j'étais parfaitement à jeun, ce soir-là ! C'est parce qu'une voiture que j'allais doubler a brusquement déboîté devant moi que j'ai dû faire une embardée. Oh ! et puis à quoi bon remuer ces vieilles histoires ?... Je ne me suis pas remarié. J'ai travaillé comme un dingue pour oublier. Je fais une belle carrière d'avocat, comme on dit ! Voilà tout !

Marie-Hélène ne lui a jamais vu cet air douloureux et fautif.

– C'est si loin ! reprend-il. J'ai tellement changé ! Qu'ai-je de commun aujourd'hui, à près de quarante ans, avec le brave type vantard et godiche qui a vu son avenir basculer, une certaine nuit de septembre, sur l'autoroute du Sud ?

– Est-ce en pensant aux soupçons injustes qui ont pesé sur vous après la mort accidentelle de votre femme que vous avez accepté de défendre mon père ?

Interloqué par la question, il se concentre une seconde et répond posément :

– Peut-être... Je n'y ai jamais réfléchi... Il est possible qu'il y ait ainsi, dans notre cerveau, des attractions, des répulsions, toute une cuisine secrète qui, à notre insu, nous pousse à agir ou nous retient... En tout cas, ce que je puis vous affirmer, c'est qu'aucune affaire ne m'a passionné autant que celle de M. Crémonnière. C'est bien simple, depuis ce travail, tous les dossiers qui me passent entre les mains me semblent dénués d'intérêt…

Il rit et son regard se porte sur Marie-Hélène avec une humble douceur. « Que veut-il de moi ? » se demande-t-elle dans un mélange d'espoir et d'appréhension. Elle a souvent vu cette expression de chasseur à l'affût chez de jeunes compagnons de « sortie », pressés de coucher avec elle. Chaque fois qu'elle a cédé à l'un d'eux, elle l'a regretté le lendemain. Son parcours sentimental a été une succession de pauvres rencontres. Jusqu'à présent, elle n'a suivi les règles de ce jeu banal et décevant que pour faire comme les autres. Au fond, elle a été trop obsédée par la pensée de son père déshonoré, de son père emprisonné, pour rechercher le plaisir. Sans le vouloir, sans le savoir, il l'a empêchée de vivre pleinement son existence de femme. Il l'a insensibilisée aux choses de l'amour. Et c'est maintenant qu'elle s'évade enfin de cet esclavage desséchant. Neuve des pieds à la tête, elle soutient le regard de Porquès et sourit, heureuse de découvrir sa propre impatience. Il se lève. Elle se lève aussi. Ils sont près l'un de l'autre. Elle sent un souffle chaud sur son visage et remarque qu'il s'est coupé le menton en se rasant. Ce détail la bouleverse inexplicablement. Elle y voit comme une invitation à entrer dans la vie intime de cet homme et se reproche aussitôt l'absurde vagabondage de ses idées. Est-ce là ce qui la désarme ? Elle s'est toujours méfiée des apprentis don Juan.

Au-dessus d'elle, la nature morte, avec son litron de rouge, ses tas de bouquins et son morceau de pain blanc à la mie tendrement alvéolée, prend toute sa signification. Quant à la photographie de la femme blonde dans son cadre de nickel, c'est celle d'une passante ! Lentement, Marie-Hélène renverse la tête, tend les lèvres. Deux bras se referment sur elle. Une voix grave, un peu râpeuse, prononce entre haut et bas :

– Venez, ma chérie… Nous avons tellement souffert dans le passé, l'un et l'autre !… Oublions tout !…

Et, pour la première fois, elle se sent délivrée d'un souvenir qui l'emprisonnait plus sûrement que les murs de la Santé n'emprisonnaient son père.

IV

Jour après jour, Marie-Hélène se persuade que, contrairement aux idées reçues, l'habitude n'émousse pas le plaisir mais l'exalte. Trois fois par semaine, elle se rend ponctuellement, à six heures du soir, avenue de Tourville. Elle a la clef de l'appartement. Assise dans la pièce fourre-tout, devant l'imposante et reposante nature morte, elle attend sagement que Porquès rentre de son travail. Tous les objets, autour d'elle, lui sont devenus familiers et même complices. La photo de la femme blonde a disparu du guéridon Louis XV sans qu'elle l'ait demandé. Dès sa deuxième visite, elle a constaté que la place était vide. Doit-elle interpréter cette délicate attention de Porquès comme une victoire personnelle sur le passé ? Elle veut le croire pour mieux apprécier sa chance.

Quand Porquès arrive enfin, ayant terminé sa journée, elle s'avance vers lui avec une lenteur gourmande. Le rituel veut qu'après les premiers baisers ils prennent un verre : porto pour elle, whisky pour lui. Puis Marie-Hélène lui lit à haute voix les quelques pages qu'elle a écrites dans l'intervalle. Porquès l'écoute attentivement, suggère parfois quelques modifications, approuve l'ensemble, mais elle a l'impression qu'il est trop impatient de la tenir dans ses bras pour porter un jugement impartial sur sa prose. Si l'auteur chez elle le déplore, la femme en est secrètement flattée.

Dès qu'ils en ont fini avec cet exercice littéraire, il l'entraîne dans sa chambre. Là, ils font l'amour avec un acharnement silencieux. Pendant leur corps à corps, dans la pénombre, elle repense à cette expression démodée dont elle souriait autrefois : une femme, disaient couramment celles de la génération précédente, « se donne » à son amant. Aujourd'hui, rien ne lui paraît plus juste que cette formule banale. Que fait-elle d'autre, en cet instant, que « se donner », les cuisses ouvertes, la bouche altérée, le ventre épanoui sous les assauts d'un homme qu'hier encore elle ne connaissait pas ? Le bonheur qui la submerge soudain est la récompense de son renoncement à toute vanité, à toute identité. En appartenant à Porquès, elle cesse de s'appartenir. Elle s'enivre à la fois de le faire jouir et de jouir elle-même. Quand il s'écarte d'elle, repu, vidé, elle a envie de le remercier pour l'orgasme qui les a foudroyés ensemble. Or, c'est lui qui la remercie, le regard noyé de gratitude. Elle colle une oreille contre sa poitrine virile pour entendre battre le cœur. Dans cette position de langoureuse écoute, il lui semble que c'est elle qui le domine, qui le possède. La tendresse succède au désir. En vérité, elle accepterait volontiers qu'il en restât là. Mais parfois, après un temps de repos, il veut la reprendre et elle cède à ce retour d'appétit avec une bizarre fierté de dompteuse de fauves. Lorsqu'ils sont las de se caresser, elle va chercher dans la cuisine le plateau garni d'un en-cas que la femme de ménage a préparé avant de partir. Leur dînette terminée, il leur arrive de bavarder à tort et à travers, enlacés, engourdis, dans le lit encore tiède de leur lutte. Puis Marie-Hélène se douche, se rhabille et appelle un taxi pour retourner à la maison.

Bien qu'elle ait prévenu tante Lucie de ne pas l'attendre quand elle passe la soirée « chez des amis », elle la trouve toujours postée, aux aguets, dans le salon. C'est une déplorable habitude qui date de l'enfance. Malgré les années, tante Lucie continue à traiter Marie-Hélène comme si elle avait encore quinze ans. Pas plus tard qu'avant-hier, quand elle est rentrée de chez Porquès, sa tante lui a demandé, guindée, soupçonneuse, d'où elle venait et si elle avait au moins dîné. Mais Marie-Hélène l'a si vertement remise à sa place que la malheureuse n'a plus renouvelé ses questions. Quant à papa, il paraît vouloir ignorer que sa fille a une vie secrète. Ou du moins accepte-t-il cette inconduite par égard pour l'amour qu'elle lui a témoigné tout au long de ses années de détention. Sans doute a-t-il perdu la faculté de s'émouvoir de quoi que ce soit. Au stade de désaffection où il est parvenu, les seules choses qui l'intéressent, ce sont ses menus et les programmes de la télé. N'est-ce pas mieux ainsi ? songe Marie-Hélène. Que ferait-elle d'un père inquiet, ombrageux, alors qu'elle a résolu de se consacrer à un autre homme ? Il n'y a pas place pour deux élus dans sa tête.

Un jour, par amusement, elle va surprendre Porquès dans son cabinet, avenue de La Bourdonnais, et décide d'attendre qu'il ait fini d'examiner ses dossiers afin de rejoindre avec lui leur discret refuge de l'avenue de Tourville. Assise dans son bureau d'avocat, de l'autre côté de la grande table surchargée de papiers et de livres, elle l'observe avec une curiosité déférente et retient son souffle pour ne pas le déranger. Il lui plaît de découvrir ainsi un homme absorbé par son travail avant de retrouver le même homme abandonné aux désordres du plaisir. Elle aime le voir si attentif, si studieux, si détaché d'elle et se dire que, dans moins d'une heure, il aura oublié entre ses bras ces documents ennuyeux. Aucun de ses anciens flirts, ébauchés ou accomplis, ne lui a procuré cette sensation de mâle solidité et de probité sereine. Au fait, combien a-t-elle eu de partenaires occasionnels ? Quatre ou cinq tout au plus. Machinalement, elle les passe en revue. De jeunes visages interchangeables défilent dans sa mémoire. Piètre palmarès ! Tous l'ont divertie ; pas un n'a accaparé son esprit comme ce nouveau compagnon, dont elle ne se lasse pas d'épier le moindre froncement de sourcils, le moindre geste. Révélée, immobile, tendue, elle s'emplit les yeux du spectacle de cette lourde tête penchée sur le côté, de cette grande main de bûcheron guidant un élégant stylo sur la page blanche. Il émane de Porquès un rayonnement de simplicité et de force. Peu importe qu'il s'habille avec négligence, que ses cravates ne soient pas toujours du meilleur goût, qu'il ait des manières brusques en société : tel quel, il représente pour elle l'homme cru, l'homme vrai dont elle a toujours rêvé sans le savoir, un homme qui va de l'avant en dépit des obstacles, un homme imparfaitement équarri, soit, mais irrésistible, convaincu, fonceur. Elle se réjouit qu'il soit fou de son métier. Il est bon, pense-t-elle, qu'il la délaisse parfois afin de se plonger dans des études qui l'éloignent de l'amour, car ensuite il revient à elle avec une soif plus ardente. Sans doute est-il nécessaire qu'un amant soit passionné par ses activités professionnelles pour être mieux à même d'apprécier, le moment venu, les charmes de sa maîtresse. Certes, contrairement à sa sœur, dont elle s'est si souvent moquée, Marie-Hélène n'a jamais connu la vie quotidienne d'un couple. Murée dans sa fierté sourcilleuse, elle a ignoré les réconfortantes petitesses de la cohabitation pour se consacrer à l'exaltation du combat solitaire. L'obligation de veiller sur le sort de son père l'a empêchée de veiller sur son propre sort. Sans le vouloir, il l'a frustrée en monopolisant son attention. Aujourd'hui, elle doit rattraper le temps perdu. Bien que totalement libre, elle est, à son tour, enchaînée. Elle rejoint joyeusement le troupeau de ses congénères qui tirent orgueil des ressources de leur corps. Et elle n'a nul besoin de l'absurde sacrement du mariage pour se sentir à la fois dépendante et dominante auprès de celui dont elle a choisi de suivre la route. Comblée au-delà de ses espérances, elle se répète avec force : « Je ne suis pas une Charlotte ! »

Lorsque Porquès se détourne enfin de sa fastidieuse besogne et repousse les dossiers au bord de la table, elle sait que son règne à elle commence. À ce moment-là, il arbore l'expression d'un petit garçon qui entend sonner l'heure de la récréation. La tête dressée, l'œil brillant, il rayonne, fatigué et espiègle, puéril et gourmand. Toute sa séduction, estime Marie-Hélène, réside dans cette survivance de l'enfant indiscipliné derrière le masque de l'avocat mûr, posé, méthodique, conscient de ses talents et de ses devoirs. Il sonne. Sa secrétaire, Mlle Reverdy, une brune chlorotique et rêveuse, vient prendre ses consignes pour le lendemain. Elle ramasse les dossiers, le parapheur, le carnet de rendez-vous et souhaite le bonsoir à « maître Porquès » et à « madame

Crémonnière ». C'est par politesse qu'elle donne du « madame » à Marie-Hélène. Bien qu'effacée en apparence, ladite Mlle Reverdy est une fine mouche. Elle a sûrement deviné les rapports secrets que Me Porquès entretient avec sa cliente. Marie-Hélène n'en a cure. Elle est fière d'afficher sa liaison avec un homme de cette qualité. Elle voudrait crier son bonheur à la terre entière.

Mlle Reverdy reconduit Me Porquès et Marie-Hélène jusqu'à la porte. La voiture les attend au parking. De l'avenue de La Bourdonnais à l'avenue de Tourville, le trajet est si court qu'ils ont à peine le temps d'échanger trois mots. Avant même d'avoir pris conscience de ce passage vertigineux d'une vie à l'autre, Marie-Hélène se retrouve dans la chambre aux rideaux tirés. C'est le couronnement de la journée ; vêtements arrachés, nudités révélées dans la pénombre, ils n'ont qu'une hâte : se coller peau contre peau. Sont-ce les mêmes êtres qui tout à l'heure, habillés et circonspects, s'épiaient d'un bord à l'autre de la grande table, dans le bureau de l'avocat, et qui maintenant s'entre-dévorent de baisers et mêlent leurs membres sous les draps ? Au moment le plus aigu de la jouissance, Marie-Hélène se rappelle le visage fade et obséquieux de Mlle Reverdy et a envie d'éclater de rire. Son plaisir est à la fois ironique, provocant et profond. Mais il lui faut aussi penser aux minutes qui passent, éviter que papa ne s'inquiète d'une longue absence.

D'une main hésitante, elle cueille sa montre-bracelet qu'elle a déposée sur la table de chevet. Accablée et ravie de son inconséquence, elle s'écrie :

– Déjà ! Ah ! mon Dieu !... Je ne savais pas qu'il était si tard !...

Porquès se lève le premier pendant qu'elle s'étire. Après qu'elle s'est rafraîchie, rhabillée, recoiffée, il l'accompagne jusque sur le palier et lui dit :

– La prochaine fois, tu devrais rester dormir ici...

Cette invitation la déroute. Comme une fillette effrayée de désobéir à ses parents, elle balbutie :

– Ce n'est pas possible, Étienne !

– Pourquoi ?

– À cause... à cause de papa !

– Ne m'as-tu pas dit toi-même qu'il ne se rendait plus compte de rien ?

– Si, bien sûr... Mais moi, ça me gênerait... Plus tard, peut-être...

– Quand ?

– Je ne sais pas encore... On verra... Laisse-moi le temps de souffler... Ne compliquons pas les choses dès le début...

– Depuis plus d'un mois tu viens ici à la sauvette ! Je serais tellement heureux si...

Elle l'arrête net :

– Non, Étienne ! N'insiste pas ! À après-demain, comme convenu ! Le taxi doit déjà m'attendre devant la porte... Je me dépêche...

Elle lui plante un baiser rapide sur la bouche, respire une fois encore son odeur d'homme, de tabac, de peau chaude et s'engouffre dans l'ascenseur. Tandis que la cabine descend avec une confortable lenteur, elle songe aux dernières paroles de Porquès. Sa proposition la flatte par l'amour dont elle témoigne et l'inquiète par le bouleversement qu'elle apporterait dans son existence. Elle croyait avoir éliminé son père du cercle de ses préoccupations, et voici qu'il revient, avec tout son poids, au premier rang. En sortant dans la rue, elle cherche des yeux le taxi qu'elle a commandé par téléphone. Rien à l'horizon. Une petite pluie fine scintille en traversant la lueur blanche d'un lampadaire. Alors qu'elle va se retirer pour s'abriter sous un porche, Marie-Hélène remarque une silhouette familière qui s'éloigne précipitamment dans la nuit. Ne serait-ce pas tantine ? Mais si ! C'est son manteau cachou à maigre col d'astrakan, son chapeau cloche, sa démarche de canard. En quatre pas, elle la rejoint et, la saisissant par le bras, l'oblige à se retourner : un visage de voleuse prise la main dans le sac.

– Qu'est-ce que tu fiches là ? s'écrie Marie-Hélène.

– Je... je passais, bredouille tante Lucie.

Une perle de pluie brille au bout de son nez.

– Dis plutôt que tu m'espionnais ! rectifie Marie-Hélène, menaçante.

– Non, non, assure sa tante en s'essuyant la figure avec un mouchoir.

– Depuis quand fais-tu le pied de grue devant la maison ?

– Depuis cinq heures et demie, confesse tantine, de plus en plus penaude.

– Tu m'as vue entrer ?

– Oui.

– Alors tu sais tout ?

Tante Lucie ne répond pas et enfonce le cou dans les épaules.

– Que te faut-il de plus ? reprend Marie-Hélène. Mais peut-être attends-tu le retour du gardien pour l'interroger ? Il est absent de sa loge à cette heure-ci ; il ne va pas tarder à revenir : glisse-lui la pièce et il te donnera tous les détails ; il te dira que je viens voir régulièrement le monsieur du quatrième... Que Me Étienne Porquès est, à part ça, un locataire très aimable... Que je couche avec lui...

– Ce n'est pas moi, c'est ton père qui voulait savoir ! gémit tante Lucie. Il m'a envoyée aux nouvelles... Je ne pouvais pas refuser... Il faut nous comprendre, Marie-Hélène...

À ce moment, un taxi arrive et se range le long du trottoir. Marie-Hélène ouvre la portière, pousse rudement sa tante à l'intérieur de la voiture, s'assied à côté d'elle et donne l'adresse au chauffeur.

– Tu m'en veux ? murmure tante Lucie. Mais nous étions si inquiets, ton père et moi, de la vie déréglée que tu mènes depuis quelque temps ! Je ne te reconnaissais plus... On nous avait changé notre petite fille... Ça ne pouvait plus durer... Il fallait au moins que je me renseigne sur l'homme que tu allais retrouver. C'était un devoir, un devoir moral pour ton père..., pour nous... Pense à lui, pense à ce qu'il a enduré, pendant des années... Il a droit au repos, au respect, au bonheur...

Les sanglots l'étouffent. Marie-Hélène retient sa colère devant cette pleureuse professionnelle. Les dents serrées, le regard fixe, elle s'astreint à garder le silence durant tout le trajet. Vaincue par ce mutisme de pierre, tante Lucie se tait elle aussi. C'est sans échanger un mot que les deux femmes rentrent à la maison.

En ouvrant la porte de l'appartement, Marie-Hélène découvre son père, assis sur une chaise, dans le vestibule. Squelettique, enveloppé dans sa vieille robe de chambre prune, il tend vers elle un visage marqué par l'angoisse, la honte, l'étonnement.

– Ah ! te voilà ! s'exclame-t-il en dressant la tête. Enfin ! C'est encore plus tard qu'avant-hier !... J'ai à te parler, ma chérie...

– Moi aussi, j'ai à te parler, papa ! réplique-t-elle du tac au tac. Mais pas ici ! Allons dans ta chambre !

Il se lève et tous trois s'engagent à la queue leu leu dans le corridor. Dès qu'ils sont réunis dans la pièce, Marie-Hélène passe à l'attaque :

– Qu'est-ce qui t'a pris de me faire filer par tante Lucie ? Je ne suis plus une gamine ! À vingt-quatre ans, j'estime n'avoir de comptes à rendre à personne !

Tout en parlant, elle le foudroie du regard. Décidément, il n'est pas de taille à lutter contre sa fille. Pas plus qu'il ne l'était, jadis, à lutter contre sa femme. Voici que d'accusateur il devient accusé, voici qu'il se justifie :

– J'ai tellement peur pour toi, ma chérie ! Je ne voudrais pas que… tu déraillles…

– Et, pour m'empêcher de dérailler, tu n'hésites pas à dérailler toi-même ? Comment peux-tu t'abaisser à ces sales manœuvres de pistage, de… voyeurisme ? C'est indigne de toi ! Indigne de nous ! Tu étais en prison : tu ne m'as pas vue grandir. Nos pauvres rencontres hebdomadaires au parloir ? Ce n'était pas ça qui pouvait te permettre de suivre l'évolution, les changements de ton enfant… Et voilà qu'on t'a libéré, voilà que tu nous es arrivé, ignorant tout, étranger à tout, étranger à ta fille qui n'a plus quinze ans mais vingt-quatre et qui est une femme !

À chaque mot, il tressaille comme sous une volée de gifles. Enfin, il pleurniche :

– Comprends-moi, ma chérie… Moi, je ne voulais pas… Mais tantine m'a proposé d'aller là-bas… pour… se rendre compte sur place…

Directement mise en cause, tante Lucie élève une timide défense :

– Non, Philippe… Rappelle-toi… L'idée vient de toi seul… Je t'ai obéi, c'est tout…

Le regard de Marie-Hélène passe de sa tante à son père. Ils se renvoient la balle. Lequel des deux ment ? Les deux, sans doute. Aussi lamentables l'un que l'autre ! Mais papa, estime-t-elle, a des circonstances atténuantes : ses années de prison, sa fatigue, son drame conjugal, alors que tantine n'est qu'une parente légèrement parasite, une chercheuse d'histoires, une empêcheuse de danser en rond. Tournée vers elle, Marie-Hélène l'interpelle d'un ton sec :

– Je voudrais que tu nous laisses seuls, papa et moi !

Éberluée, tante Lucie proteste :

– Mais, Marie-Hélène, nous sommes en famille ! Nous n'avons jamais eu de secrets les uns pour les autres !

– Eh bien, désormais, nous en aurons ! tranche Marie-Hélène.

Et, toisant son père d'un air comminatoire, elle ordonne :

– Papa, veux-tu dire à tante Lucie de quitter ta chambre ?

Obéissant à contrecœur, il chuchote :

– Oui, oui… Va, Lucie… Nous te rappellerons tout à l'heure…

Congédiée comme une domestique, tante Lucie repasse la porte et Philippe Crémonnière essaie, une fois de plus, de louvoyer :

– Elle est bien gentille… Mais il lui arrive…, comment dire ? de passer la mesure… Avec toi, ce soir, elle a été maladroite. Elle n'avait pas à aller avenue de Tourville... Bien sûr, depuis longtemps nous nous doutions que Me Porquès et toi... Alors voilà, elle a voulu en avoir le cœur net...

– Est-ce elle ou toi qui a décidé ça ?

– Je ne sais plus au juste... Tout est si confus dans ma tête depuis le procès... Je comprends que tu aies une grande dette de reconnaissance envers lui... Il est d'ailleurs très bien, cet avocat, très capable, très dévoué... Nous lui devons une fière chandelle et je ne le remercierai jamais assez de ce qu'il a fait pour moi... Mais était-ce une raison suffisante pour que tu deviennes sa maîtresse ? Crois-moi, il est pénible pour un père de savoir que sa fille court retrouver un homme en cachette...

– Préférerais-tu que j'aille habiter chez lui ? demande-t-elle carrément.

Il sursaute, comme si elle le menaçait d'un retour en prison.

– Non, non ! gémit-il. Je t'en supplie !...

Elle se repaît de son désarroi, en songeant qu'après tout la proposition de Porquès n'était pas si déraisonnable.

– Pourquoi pas ? reprend-elle avec une ironie caustique. Tu aurais tante Lucie auprès de toi pour te soigner, te dorloter, t'adorer...

– Tu ne parles pas sérieusement ! s'insurge-t-il. La vie sans toi, c'est impossible, impossible !...

Soudain, Marie-Hélène pense qu'il a dû employer les mêmes mots autrefois pour tenter de retenir sa mère. Inconsciemment, pour lui, le combat continue. Sa femme le trompait avec Jean Maudrut, sa fille le trompe avec Porquès. Toutes les mêmes ! Devant cette aberration sénile, elle se demande ce qui l'attache encore à son père : il est égoïste, borné, incapable de la moindre intuition, de la moindre compréhension. Oui, mais il est malheureux : et cela excuse tout. Aussi loin qu'elle remonte dans sa mémoire, elle le trouve tapi dans un coin, obsédant par sa discrétion, écrasant par son insignifiance. Même quand il était en prison, surtout quand il était en prison, elle ne cessait de rapporter à lui les plus petits incidents de ses journées. Il nourrissait son esprit en la poussant à se dévouer pour lui, à se révolter contre les autres. À force de vouloir le protéger, le sauver, elle finissait par l'aimer plus qu'elle-même. Il y a ainsi, songe-t-elle, de par le monde, de nombreux couples qui, soudés par la routine, baignent à longueur d'année dans les mêmes espoirs, les mêmes tracas, les mêmes souvenirs, les mêmes relents de cuisine et d'alcôve. Pour eux, l'accoutumance a remplacé avantageusement la passion. Les vieux ménages doivent en savoir quelque chose. Leurs manies les rassurent. Dès à présent, Marie-Hélène peut jurer qu'elle ne se mariera jamais. Elle ne quittera jamais son père. Mais elle ne quittera pas non plus Porquès. Elle a deux hommes dans sa vie. L'un pour le plaisir de l'habitude, l'autre pour les plaisirs de l'aventure et de l'amour.

Assis devant elle, au bord du lit, papa a cet air de chien battu qu'elle lui a connu lorsqu'il souffrait en silence des frasques de sa femme, trop gaie et trop virevoltante. N'est-il pas en train de revivre, à neuf ans de distance, les mêmes sentiments de jalousie, d'humiliation et de vaine colère ? Marie-Hélène voudrait qu'il s'éveillât de son cauchemar. Sans doute lui a-t-elle fait très mal tout à l'heure, en le menaçant de le quitter pour s'installer chez Porquès. Balançant la tête avec une triste obstination de cocu, il grommelle :

– Je ne supporterais pas que tu ailles habiter ailleurs… Je te demande un dernier sacrifice : reste auprès de moi… Continuons ainsi…

Tout en parlant, il tripote la boîte de suppositoires sur sa table de chevet. Son visage exprime la souffrance et une sorte d'effroi enfantin. Quelles sont la part du malaise physique et celle du désarroi moral dans cette faible tête ? Décochant à sa fille un regard de fausse bravade, de défi misérable, il balbutie :

– Si Lucie t'agace, on peut lui dire de… partir…, de déménager…

– Où veux-tu qu'elle aille ?

– Elle avait une chambre en ville, du côté de la Nation, avant de venir habiter ici… Elle l'a gardée en la sous-louant. Elle n'aurait qu'à y retourner… Nous resterions tous les deux, toi et moi…

– Tu ferais ça, papa ?

– Oui, ma chérie ! Pour toi, je le ferais sans hésiter… Mais nous avons le temps… Attendons quelques jours… Quand nous serons plus calmes, quand nous aurons bien pesé le pour et le contre, nous lui mettrons les points sur les *i*…

Elle devine que déjà il se dérobe. Cette nouvelle preuve de lâcheté l'écœure et l'apitoie tout ensemble.

– Soit, dit-elle. Laissons passer la nuit. Veux-tu lui parler demain ?

– Je préfère que ce soit toi !

– Pourquoi ?

– Moi, je ne saurai pas, bredouille-t-il en évitant le regard de sa fille. Je n'aurai pas le cran… Après tout, je n'ai rien de précis à lui reprocher…

– Ce n'est pas une raison pour subir indéfiniment sa présence !

– Non, évidemment… Mais je me connais : dans les moments d'émotion, je perds tous mes moyens… Toi, tu as le sang-froid, l'habileté. Tu sauras trouver les arguments pour la convaincre sans la blesser… Tu arrangeras ça en douceur…

À cet instant, on frappe à la porte :

– Je peux venir ? demande la voix doucereuse de tante Lucie à travers le battant.

– Mais oui, entre ! dit Marie-Hélène sans se démonter.

Le visage de son père se décompose. Il ferme les yeux comme pour s'épargner le spectacle pénible d'un accident de la route. Dès que tante Lucie a franchi le seuil, Marie-Hélène lui assène le coup :

– Papa et moi avons eu une conversation à ton sujet. Tu nous as été d'un grand secours tous ces mois-ci et nous t'en serons toujours reconnaissants. Mais à présent, pour son équilibre, pour sa santé, il faut que tu t'en ailles. Je m'occuperai de lui toute seule. Ça ne t'empêchera pas de venir le voir, de temps en temps...

Pétrifiée, tante Lucie s'adosse au mur et porte les deux mains à son cœur. Les yeux ronds, la bouche entrouverte, elle interroge son cher Philippe d'un regard suppliant. Espère-t-elle qu'il prendra sa défense ? Or, au lieu de la soutenir, au lieu de s'insurger, il courbe l'échine, ne pipe mot et semble fasciné par une rainure du plancher, entre ses pieds. À les voir aussi désemparés l'un que l'autre, Marie-Hélène se demande si elle a eu raison de recourir à cette solution brutale. « Oui, oui, il le fallait, juge-t-elle dans un sursaut d'autorité ; il le fallait pour le bien-être de papa autant que pour ma tranquillité personnelle. On ne peut continuer à héberger une intrigante, une espionne ! » Pour rompre le silence qui, en se prolongeant, devient insupportable, elle demande sans conviction :

– Tu es d'accord, tantine ?

Comme tirée d'un rêve, tante Lucie tressaille et marmonne :

– Très bien… Très bien. Quand devrai-je partir ?

– Le plus tôt possible.

– C'est tout ce que tu as à me dire, Marie-Hélène ?

– Oui, tantine.

– Et toi, Philippe ? implore tante Lucie d'une voix mouillée de larmes.

Il ne répond pas. Alors tante Lucie tourne les talons et se dirige, d'une démarche hésitante, vers la porte. Va-t-elle trébucher, tomber ? Elle en est bien capable ! Une simagrée de plus pour attendrir papa. Non, au dernier moment, elle redresse la taille et franchit le seuil sans flancher.

– Tu vois, tout s'est très bien passé ! dit Marie-Hélène en posant une main sur l'épaule de son père.

V

Pendant trois jours après le départ de tante Lucie, Philippe Crémonnière a boudé sa fille. Silencieux, renfrogné, il affectait même d'avoir perdu l'appétit. Puis il s'est habitué à l'absence de cette « aide familiale » trop zélée et a retrouvé le goût de la nourriture, de la sieste et de la conversation. Peu à peu, Rosine, grâce à ses soins et à sa bonhomie, est devenue pour lui une doublure très acceptable de tantine. Marie-Hélène en a déduit qu'elle avait eu tort de craindre que tante Lucie n'usurpât la place de maman dans la maison. Son père, se dit-elle à présent, n'a jamais éprouvé envers la malheureuse laissée-pour-compte qu'une souriante compassion due à leurs souvenirs de jeunesse. Une telle indifférence, succédant à un tel attachement, la conduit à se demander s'il est capable de concevoir pour qui que ce soit un sentiment profond et durable. Peut-être a-t-il trop aimé sa femme et a-t-il trop souffert de ses trahisons répétées pour tabler encore sur la sincérité et le désintéressement d'autrui ? Peut-être maman a-t-elle épuisé en lui toutes les sources de crédulité, de tendresse et d'abnégation ? Peut-être Marie-Hélène est-elle seule apte à le guérir de cette ankylose du cœur ? En tout cas, autour d'elle, l'engouement du public pour l'affaire Crémonnière ne se dément pas, même si le flot des interviews semble un peu se ralentir.

C'est maintenant un hebdomadaire d'étudiants, bizarrement intitulé *Herbages*, qui sollicite un entretien avec Marie-Hélène. Sur le conseil de Porquès, elle accepte de parler aux envoyés de cette feuille qui se proclame « à l'avant-garde de la génération montante ». Par précaution, il a voulu assister à la rencontre. En outre, il a insisté pour que celle-ci ait lieu chez elle et non chez lui, afin d'écarter tout soupçon d'ingérence d'un avocat dans une confession prétendument spontanée. En attendant l'arrivée des apprentis journalistes, Marie-Hélène lui a lu les quelques pages qu'elle a dactylographiées la veille et il s'en est déclaré plus que satisfait, « emballé ». Il a ajouté que ses propos étaient à la fois ceux d'un défenseur de Philippe Crémonnière et ceux d'un amateur de bonne littérature.

À l'heure prévue, les visiteurs sonnent à la porte. Rosine introduit dans le salon un couple de très jeunes gens : dix-neuf ans, vingt ans peut-être... La fille est blonde, boulotte, elle a le nez en mie de pain et le regard fureteur ; le garçon est gauche, dégingandé, il a les cheveux en broussaille, les pieds chaussés de baskets ramollies et le regard d'un vert d'aigue-marine. Ils se nomment Muriel Toutin et Dominique Pietri. Visiblement, tous deux attachent plus d'importance à leurs paroles qu'à leur mise. Et cette prééminence donnée à la pensée sur la mode est tout à fait du goût de Marie-Hélène. Dominique Pietri tient un micro à la main pour enregistrer les déclarations de l'intéressée, tandis que Muriel Toutin est munie d'un stylo et d'un gros carnet. Tous deux sont étudiants en lettres modernes à la Sorbonne. Ils participent bénévolement à la rédaction d'*Herbages*. L'affaire Crémonnière les passionne moins pour ses conséquences juridiques que pour ses implications morales.

Dès les premiers mots, Marie-Hélène est étonnée par la maturité de leur esprit et la pertinence de leurs questions. C'est Dominique Pietri qui mène le jeu. Est-il l'amant de la petite Muriel, qui s'échine à prendre fébrilement des notes au vol ? Possible ! Marie-Hélène le souhaite, car elle les trouve attendrissants l'un et l'autre dans leur souci d'égaler les journalistes professionnels. Elle se sent même plus à l'aise pour se confier à ces débutants que lorsqu'il s'agissait de répondre aux requins de la grande presse. En tout cas, elle estime que Dominique Pietri a bien saisi la nature de ses tourments personnels. Il a en outre, à cet égard, une opinion très originale. À un détour de la conversation, il avoue que, dans le drame familial des Crémonnière, c'est surtout le cas de Marie-Hélène qui l'intéresse.

– Vous comprenez, explique-t-il, votre père, c'est la victime : il ne fait que courber le dos sous les coups. Le vrai combat, c'est vous qui le menez ! Et pour nous, les jeunes, votre révolte est significative ! Je dirai même que c'est la nôtre devant les institutions léguées par nos parents ! La Justice est le symbole de tous les interdits ! Quand elle se trompe, comme il arrive aujourd'hui, ça donne du cœur au ventre à ceux qui rêvent d'un changement de mœurs, d'un changement de société...

Porquès approuve par des hochements de tête condescendants. Cet encouragement muet incite Dominique Pietri à redoubler d'ardeur. Il n'interroge plus, il prêche. Et il est si charmant dans son exaltation que Marie-Hélène ne songe pas à l'interrompre.

– Je peux vous assurer qu'on parle souvent de vous dans les facs et les lycées, poursuit-il. Pour la plupart d'entre nous, vous incarnez la relève, le renouveau... Vous êtes des nôtres...

Il se tait une seconde, comme frappé par une illumination, reprend son souffle et conclut d'une traite :

– Quand je pense à vous, je me dis que vous êtes, sans vous en rendre compte, un mélange de Jeanne d'Arc, de Charlotte Corday et de Louise Michel !

Marie-Hélène sursaute, considère son vis-à-vis avec une sorte de frayeur comique et s'écrie :

– Excusez-moi, je ne vois pas le rapport !

– Il saute aux yeux, pourtant : comme elles, vous avez eu le courage d'aller jusqu'au bout de vos convictions !

Elle rit :

– Non, non !... Je vous en prie !...

Et Porquès renchérit :

– Je me contenterai, pour ma part, de proclamer que Mlle Marie-Hélène Crémonnière est la digne fille de son père ! Croyez-moi, c'est déjà beaucoup !

Marie-Hélène continue à rire, mais, au fond, le compliment massue de Dominique Pietri ne lui déplaît pas. Elle fait, certes, la part de la fougue adolescente dans cette affirmation, mais l'idée d'être devenue l'héroïne d'une jeunesse contestataire chatouille sa fierté. En se dévouant à son père, elle a, sans le vouloir, servi sa propre légende. Qui oserait le lui reprocher ?

Relayant Dominique Pietri, c'est maintenant Muriel Toutin qui interroge Marie-Hélène sur son passé, sur ses goûts en littérature, sur ses opinions à l'égard de l'immigration et de l'avenir de l'Europe. Elle aussi semble passionnée par la personnalité de son interlocutrice. Elle boit les paroles de Marie-Hélène, comme si elle l'enviait d'avoir perdu sa mère, d'avoir vu son père emprisonné et de s'être libérée de ces calamités en triomphant des erreurs de la justice. Pour un peu, elle voudrait être à sa place. Elle le dit avec simplicité, avec candeur, puis, soudain, brise le fil de l'entretien et murmure en rougissant de son audace :

– Est-il vrai que vous écrivez une sorte de confession pour raconter votre combat ?

– C'est exact, reconnaît Marie-Hélène.

– Est-ce un simple projet ou vous êtes-vous déjà attelée à la tâche ?

Porquès vole au secours de sa maîtresse :

– C'est bien plus qu'un projet : Mlle Crémonnière met la dernière main à son manuscrit !

– Et quand l'ouvrage paraîtra-t-il ?

– Très vite ! déclare Porquès avec une autorité qui laisse Marie-Hélène sans voix.

Impressionnée par l'assurance radieuse de l'avocat, Muriel Toutin s'écrie :

– C'est formidable ! Ça aura un succès fou ! Pourquoi n'en tireriez-vous pas un film ?

Cette suggestion étonne Marie-Hélène autant que Porquès, qui échangent un regard dubitatif.

– En effet, pourquoi pas ? murmure-t-il.

Puis, tourné vers Marie-Hélène, il conclut :

– Je vais en parler à Villedieu. L'annonce d'un film, ou même d'un téléfilm, ce serait excellent pour le lancement du bouquin !

Marie-Hélène ne dit ni oui ni non. Tout à coup, elle ne sait plus ce qui est bon pour le succès du livre, pour la renommée de papa, et ce qui risque d'être pris pour du bluff ou du racolage publicitaire. Comme elle se tait, les yeux rivés au sol, les jeunes gens comprennent que l'interview est terminée. Elle les raccompagne jusqu'à la porte, avec Porquès qui la suit pas à pas. Au moment où ils franchissent le seuil, elle leur dit précipitamment :

– Je vous en prie, ne mentionnez pas dans votre article la comparaison avec Jeanne d'Arc, Charlotte Corday et Louise Michel…

– Vous ne voulez vraiment pas ? s'étonne Dominique Pietri.

– Non, dit-elle d'un ton net. Je crains que cela ne prête à sourire !

– Vous avez tort, mademoiselle ! insiste Muriel Toutin.

Et Porquès appuie :

– Vous avez tort, Marie-Hélène ! Les lecteurs comprendraient très bien… D'autant que la remarque ne vient pas de vous, mais de vos intervieweurs…

Marie-Hélène reste sur ses positions et les deux visiteurs s'éloignent, éblouis par sa gentillesse et sa fermeté.

Après leur départ, Porquès concède dédaigneusement :

– Ils sont mignons tout plein, ces deux perdreaux !

– Un peu trop bouillants à mon goût, corrige Marie-Hélène.

– En tout cas, leur idée d'une adaptation cinématographique de ton livre n'est pas bête !

– Crois-tu vraiment ?

– J'en suis persuadé… Il faudrait choisir un bon réalisateur, des acteurs dans le vent…

– Eh bien moi, j'hésite… Je ne voudrais pas galvauder une histoire qui me tient à cœur, mettre des grimaces sur des sentiments vrais, singer après coup, pour le grand public, les souffrances et les bonheurs d'une vie qui n'appartient qu'à moi…

– Tu le fais bien en écrivant ton récit !

– Ce n'est pas la même chose !… Il y a autant de différence entre raconter et représenter qu'entre se donner à l'homme qu'on aime et se prostituer pour de l'argent !

– Soit ! admet-il. Mais on pourrait tout de même en toucher un mot à ton père…

– Non, Étienne. Je ne l'ai même pas encore averti que j'avais commencé à écrire le livre et tu voudrais que je lui parle de cinéma, de télévision ? Mais il risque d'en avoir un coup de sang, le pauvre !… De toute façon, je préfère attendre… Quand je le sentirai moins fatigué, mieux disposé, je lui dirai pour le bouquin… D'ailleurs, avant de décider quoi que ce soit, je veux avoir terminé mon manuscrit, je veux qu'il l'ait lu, je veux qu'il l'ait approuvé… S'il ne l'approuve pas, je le mettrai au panier. C'est une question de probité filiale…, de… propreté tout court !

– Que de temps perdu, Marie-Hélène ! Pour l'amour du ciel, rappelle-toi ce que dit Villedieu : il faut nous grouiller si nous voulons profiter de la publicité faite par les journaux autour de la réhabilitation de ton père !

– Je ne peux pas travailler plus vite !

– Où en es-tu ?

– À la page quatre-vingt-neuf.

Il ouvre les bras dans un geste d'accablement. Bien qu'il soit en veston, elle imagine autour de lui l'ample et noir mouvement d'une robe d'avocat. Pour une fois, il n'a pas eu gain de cause devant le tribunal. Avant de s'en aller, il embrasse Marie-Hélène et soupire :

– Eh bien, continue, ma chérie ! Travaille à ton rythme et advienne que pourra ! À bientôt, Charlotte Corday !

VI

Marie-Hélène a tenu bon. Ni elle ni Porquès n'ont fait allusion devant Philippe Crémonnière à la possibilité de tirer un film du livre qu'elle est en train d'écrire et dont il ignore tout encore. Même Villedieu n'a pas été avisé du projet. Tranquille de ce côté-là, elle s'est remise à la besogne en cravachant. Elle y a été encouragée par l'article d'*Herbages,* qui lui a semblé à la fois sobre, amical et intelligent. Selon leur promesse, les étudiants n'ont pas cité la phrase litigieuse sur Jeanne d'Arc, Charlotte Corday et Louise Michel, mais ils ont reproduit la formule de Porquès : « la digne fille de son père ». Elle n'en demandait pas davantage. Autre motif de satisfaction : tante Lucie n'est plus reparue dans l'appartement. Elle se contente, de temps en temps, d'un coup de téléphone anodin pour prendre des nouvelles de « la famille », comme elle dit.

Cent trente pages déjà ! Porquès, à qui Marie-Hélène les a lues au fur et à mesure, est très content. Mais il estime qu'il en faudrait le double pour former un volume présentable. Hier, il l'a emmenée à la maison d'édition pour la signature du contrat. Il en avait préalablement discuté les clauses, une par une, avec Villedieu. D'excellentes conditions pour un premier livre, affirme-t-il. Elle lui fait confiance, comme naguère pour la conduite du procès. Villedieu a paru très excité à l'idée de publier cet ouvrage au moment même où il est question de changer la procédure devant les cours d'assises pour mieux assurer la défense des prévenus. Il a prétendu qu'il comptait sur un « grand coup médiatique ». Mais il a également supplié Marie-Hélène de se dépêcher. Pour profiter au mieux des circonstances, il fallait, à son avis, sortir le volume en librairie dès le début de septembre, ce qui supposait que le manuscrit lui fût livré, dans sa totalité, au plus tard à la fin juin. Marie-Hélène a promis d'être prête dans les délais. Cependant, elle ne voudrait pas gâcher, par un travail hâtif, la beauté tragique des souvenirs qu'il lui reste à évoquer.

Penchée sur sa machine à écrire, les doigts effleurant lestement les touches, elle revit avec émotion les moindres particularités d'un passé qui l'a marquée pour la vie. Au lieu d'avancer dans le récit du drame comme le lui conseille Porquès, elle retourne, sans se lasser, aux images rieuses de son enfance. Ce qui lui revient en mémoire avec insistance aujourd'hui, c'est l'étrange engouement de sa mère pour le « bronzage intégral ». Maman se moquait des femmes qui s'exposent au soleil en gardant leur bikini. Résultat : leur peau conserve une pâleur maladive aux endroits protégés, alors que le reste de leur anatomie rayonne d'une couleur dorée. « C'est ridicule et inesthétique ! » répétait-elle. Pour éviter cet inconvénient, elle passait chaque jour, toute nue, plusieurs heures au solarium, derrière le rideau de cannisses. Aucun regard masculin ne devait s'aventurer au-delà de la frêle barrière de roseaux qui protégeait l'intimité de la maîtresse de maison. Toutefois, Marie-Hélène et Charlotte étaient autorisées parfois à la rejoindre dans ce lieu sacré qu'elle appelait drôlement son « gynécée ». Elles avaient quinze et douze ans, à l'époque. Deux gamines maigrichonnes, à la poitrine plate. Elles aussi étaient nues. On ne se gênait pas « entre femmes », quelle que fût la différence d'âge. Marie-Hélène revoit sa mère allongée devant elle, avec une superbe impudeur, sur un matelas de toile bleue. Ses seins pommés, à la pointe bistre doucement érectile, son charmant nombril, plissé et goguenard, son pubis orné d'une toison brune et bouclée, elle les offrait au ciel bleu, à l'air pur, au vent capricieux, en attendant sans doute de les offrir à un homme. Lequel ? Papa, Jean Maudrut ou un inconnu ?…

En songeant à ces longues séances d'alanguissement voluptueux, Marie-Hélène retrouve en elle un mélange de révolte devant le sans-gêne de maman et d'admiration devant la perfection de ses formes. On eût dit que cette femme éprouvait une satisfaction quasi artistique à initier ses filles, toutes jeunettes, aux grâces du corps. En se montrant à elles dans sa mûre et pleine fraîcheur, elle leur enseignait à être fières de leur sexe. Elle les préparait à leur vocation de donneuses de plaisir. Un jour, Marie-Hélène s'en souvient comme s'il s'agissait d'un incident de la veille, papa s'était approché du solarium pour prévenir maman qu'on l'appelait au téléphone. Craignant qu'il ne glissât un coup d'œil indiscret entre les cannisses, elle avait crié : « Ne regarde pas ! » Pourtant, il avait dû la voir des centaines de fois dénudée, dans sa chambre, dans la salle de bains... Ce n'était pas pareil ! Ici, elle n'appartenait qu'à elle-même et à ses filles ! Papa avait beaucoup ri de ce brusque accès de pudibonderie. Il riait si rarement ! Ce n'était pas comme Jean Maudrut ! Pour celui-là, tout était prétexte à plaisanteries. Était-il vraiment médecin ? On lui disait : « Bonjour, docteur », « Au revoir, docteur », mais il ne soignait pratiquement personne. Si, maman, de temps à autre ! Elle s'inventait des maladies, des « bobos » pour le recevoir à l'Olivette. Plus souvent encore, elle allait le retrouver à Mougins ou à Cannes. Pour un oui pour un non, elle prenait sa voiture et disparaissait pendant des heures. Parfois, elle rentrait tard dans la nuit. Tout le monde, à Peymeinade, savait que Mme Crémonnière trompait son mari. On disait même, parmi les voisins, que le docteur Maudrut n'était pas le seul à profiter de ses faveurs. En faisant des courses dans le village, Marie-Hélène avait entendu des commères chuchoter, avec des mines de connivence, que la dame de l'Olivette était « très, très contente » de son coiffeur de Cannes et « très intéressée » par le talent d'un « potier d'art » de Vallauris. Papa se doutait de son infortune, mais n'en laissait rien paraître pour ne pas gâcher les vacances de la famille.

Un jour pourtant, il avait osé se disputer avec maman. Marie-Hélène, qui couchait dans la chambre contiguë à la leur, avait été intriguée par un mot qu'il avait crié comme la pire des injures. Il avait traité sa femme de « nymphomane ». Des sanglots avaient succédé à ces clameurs. Peu après, la maison était retombée dans le silence. Le lendemain, le couple était réconcilié. Papa semblait même plus amoureux, plus soumis que jamais. Marie-Hélène avait cherché le mot « nymphomane » dans le dictionnaire. Elle se rappelle encore sa surprise en lisant la définition : « Se dit d'une femme qui s'adonne anormalement aux rapports sexuels. » Était-ce le cas de maman ? Oui, sans doute. Peut-on le lui reprocher ? Sûrement pas ! Chacun est sur terre pour suivre ses instincts. Il était dans la nature de maman de courir, assoiffée, d'une aventure à l'autre et dans la nature de papa de tout accepter, de tout pardonner ! D'ailleurs, entre deux écarts de conduite, elle se montrait si affectueuse, si gaie, si inventive, si imprévue qu'il était impossible de lui en vouloir, comme il serait vain d'incriminer le ciel pour ses changements de lumière selon les heures et les saisons. Elle avait fait aménager, à côté de la maison, un barbecue de fortune dans un ancien four à pain. On se réunissait pour déjeuner dans le jardin, à l'ombre légère et parfumée d'un grand tilleul. La viande cuisait en grésillant, à deux pas, sur le gril, surveillée par Josette. Le chien Milord, un affreux bâtard, galeux et tendre, guettait les préparatifs en remuant la queue. Il y avait là, bien sûr, Jean Maudrut, élégant et disert, la chemise ouverte sur la poitrine. Maman n'avait d'yeux que pour lui. Papa en souffrait. Mais on avait l'habitude. Même si le cœur des fillettes se serrait parfois à la vue de leur père si triste à côté de leur mère si gaie, le repas se déroulait dans la bonne humeur. Les paupières à demi closes, Marie-Hélène s'efforce de retrouver dans sa mémoire l'odeur de l'herbe rôtie par le soleil, l'obsédante stridulation des cigales, le tintement des fourchettes et des couteaux, le goût du vin rosé, le parfum de maman, mêlé à de suaves effluves de cuisine provençale. La tête lui tourne. Elle ne tape plus, elle divague.

D'ailleurs, est-il nécessaire de donner tant de détails sur sa vie de famille dans ce livre que des étrangers liront d'abord par curiosité pour l'affaire du meurtre et de l'erreur judiciaire ? Elle en arrivera bientôt au passage le plus dramatique. Là, ses souvenirs seront moins précis. Un cri horrible dans la nuit. Réveillée en sursaut, elle descend dans la salle de séjour. Josette, épouvantée, lui barre la route : « N'y allez pas !... C'est affreux, ma pauvre petite !... Votre mère !... » Le reste se perd dans un brouillard écœurant. Elle secoue le front pour chasser loin d'elle les images de désordre et de honte qui la poursuivent depuis son enfance. Elle sait par avance qu'elle aura du mal à décrire la découverte du corps de sa mère, prunelles révulsées, bouche tordue, cheveux maculés de sang, les interrogatoires humiliants, le départ de son père dans la fourgonnette de la gendarmerie, le procès...

La sonnerie du téléphone la secoue. Rappel à l'ordre. Interdiction de regarder en arrière. Elle court décrocher l'appareil dans le salon. De l'autre côté de la cloison, son père, retiré dans sa chambre, fait marcher la télévision à plein régime. L'oreille collée à l'écouteur, Marie-Hélène entend, malgré le vacarme, la voix haut perchée de sa sœur. Charlotte est une femme férue de discipline. Le mercredi est « son » jour pour prendre des nouvelles. Or, on est mercredi. Donc elle est au bout du fil ! Marie-Hélène la rassure en quelques phrases. Tout va bien ; papa ne regrette nullement le départ de tantine, dont il a dû se séparer parce que la pauvre femme l'exaspérait par un excès de bavardages et de cajoleries ; elle s'occupe de tout elle-même, à la maison, avec l'aide efficace et discrète de Rosine. Bien entendu, elle ne souffle mot à Charlotte ni de sa liaison avec Porquès, ni du livre qu'elle est en train d'écrire. D'ailleurs, sa sœur semble plus pressée de se raconter que d'entendre ce qu'on lui raconte. Piaffant sur place, Marie-Hélène apprend successivement que Gustave est enchanté de ses hautes responsabilités aux papeteries Le Floch, que l'un des enfants a eu un gros rhume, qu'il l'a passé à son frère, qu'à présent ils sont sur pied tous les deux et que Charlotte a chargé une agence immobilière de lui trouver le logement dont elle rêve : un quatre-pièces avec balcon ! Mais, dans le quartier qu'elle convoite, les appartements de ce « standing » sont hors de prix : « Je désespère d'y arriver un jour ! » se lamente-t-elle. Tandis qu'elle caquette à tort et à travers, Marie-Hélène se demande ce qu'elle a de commun avec cette crécelle. Enfin, ce sont les adieux, les « bons baisers à papa » et la sempiternelle promesse : « À mercredi prochain, ma grande ! »

À peine Marie-Hélène a-t-elle raccroché que le téléphone sonne à nouveau. C'est tante Lucie, lointaine, humble, gluante de gentillesse. La quatrième fois déjà qu'elle appelle en une semaine ! Et toujours les mêmes questions : « Comment se porte-t-il ? Fait-il bien la sieste, l'après-midi ? Prend-il régulièrement les médicaments du docteur Lucerne ? A-t-il demandé après moi ? Puis-je passer le voir ? » Dominant son irritation chronique, Marie-Hélène répond posément :

– Non, tantine ! Dans quelques jours, peut-être… Je te ferai signe…

Et, d'autorité, elle coupe la communication. Elle s'apprête à regagner sa chambre et sa machine à écrire, indispensable exutoire à ses tourments, lorsque la sonnerie retentit pour la troisième fois. Ce coup-ci, c'est Porquès :

– Ça fait un quart d'heure que j'essaie de t'obtenir : toujours occupé ! Tu as décroché, ou quoi ?

– Non, mais je viens d'avoir Charlotte et tante Lucie. Rien d'important… Nous nous voyons toujours demain à six heures ?

– C'est précisément à ce sujet que je t'appelle : demain, ce sera impossible, ma chérie. J'ai un dîner décisif pour moi avec l'avocat général Dubuisson. Il serait maladroit de le remettre. Peux-tu venir ce soir à la place ?

Elle hésite une seconde, pour le principe, puis accepte de gaieté de cœur. Demain ou aujourd'hui, aucune différence ! Toutes ses soirées sont libres ! Mais il est déjà cinq heures de l'après-midi. Elle songe qu'il lui faut encore se maquiller, changer de robe, prévenir son père… Ce dernier point est capital. Derrière le mur, la télévision continue son tohu-bohu imbécile. Des voix d'hommes se disputent, des coups de feu éclatent, une femme chante en américain sur un accompagnement de banjo. Papa doit passer d'une chaîne à l'autre. Elle entre sans frapper dans sa chambre. Étendu tout habillé sur le lit, le regard noyé, les deux mains crispées à hauteur de la ceinture, il demande :

– Qui a téléphoné ?

– Personne : des raseurs ! Comment te sens-tu ?

– Pas très bien, murmure-t-il. J'ai l'impression qu'une bête me ronge à l'intérieur. Je voudrais aller à la selle et je ne peux pas. Regarde comme mon ventre est gonflé ! On dirait une femme enceinte ! Et puis, j'ai mal à la tête, j'ai des nausées…

– C'est la blanquette de veau qu'on a eue à midi !

– Sans doute… Je ne l'ai pas digérée…

– Je dirai à Rosine de te faire un bouillon de légumes, ce soir.

– Et toi, qu'est-ce que tu mangeras ?

– Je ne dînerai pas là, papa.

Il la considère avec une terreur panique, comme si c'était la première fois qu'elle s'apprêtait à passer la soirée loin de lui.

– Tu me laisses ?

– Oui, répond-elle. J'ai des obligations, tout le monde en a ! Mais tu ne resteras pas seul. Je vais demander à Rosine de coucher à la maison, cette nuit, dans la chambre de Charlotte.

– Ce ne sera pas la même chose ! gémit-il.

– Mais si, mais si ! Ne fais pas l'enfant ! Nous t'avons trop gâté !

Elle le bouscule avec une tendresse bourrue, appuie sur une touche de la télécommande pour baisser le son du poste et se dirige résolument vers la porte. Une phrase l'arrête pile, comme une pierre lancée dans son dos :

– Tu vas retrouver Porquès ?

Elle se retourne d'un bloc et fait front, soudain vindicative :

– Oui ! Ça te gêne ?

– Un peu…

– Eh bien moi, ça me fait plaisir ! réplique-t-elle en haussant le ton. Tu devrais en tenir compte, de temps à autre, de mon plaisir ! Mais tu juges tout de ton point de vue, tu ramènes tout à toi : ton confort, ta tranquillité, ta sécurité, ta télévision, ta fille, tes pantoufles… J'existe, papa, moi aussi. J'ai ma vie, mes idées, mes besoins, mes problèmes…

Il la regarde tristement et murmure :

– Comme tu ressembles à ta mère !

Stoppée dans son élan, elle se radoucit :

– Ne parlons plus de ça, veux-tu ? Déshabille-toi… Couche-toi… Je dirai à Rosine de te servir au lit et je m'arrangerai pour ne pas rentrer trop tard…

– Merci, merci, ma petite Marie-Hélène, balbutie-t-il.

Pourtant, il ne peut se retenir d'ajouter :

– Si tante Lucie était restée avec nous, je serais plus tranquille !

Elle lui met un doigt sur la bouche :

– Chut, papa ! Ce qui est fait est fait ! Nous sommes très heureux sans elle ! Tu finiras par le reconnaître !

En sortant de la chambre, elle regarde sa montre : six heures moins le quart ! Elle arrivera sûrement avenue de Tourville après Porquès. Eh bien, pour une fois, c'est lui qui attendra ! D'abord, elle doit s'entendre avec Rosine pour les dispositions à prendre. Aucune difficulté de ce côté-là. La domestique ne demande pas mieux que de jouer les gardes-malades au chevet de Monsieur. Mademoiselle n'a pas de souci à se faire. Elle peut aller « où elle veut, aussi longtemps qu'elle voudra ». En disant ces mots, Rosine a un regard de complicité féminine. Gênée par cet excès de familiarité, Marie-Hélène se dépêche de partir.

Quand elle pénètre, en coup de vent, dans l'appartement de Porquès, elle le trouve à l'affût derrière la porte, guettant son arrivée avec l'impatience d'un fiancé :

– Tu en as mis un temps !

– Il a fallu que je prépare papa à notre changement de programme, dit-elle en lui rendant ses baisers à la volée. Il est si pointilleux, si irritable depuis le départ de tante Lucie !

Elle a apporté les dernières pages qu'elle a tapées à la machine. À son avis, elles sont les mieux venues de toutes. Pressée d'avoir l'avis de Porquès, elle n'aura de cesse qu'elle ne les lui ait lues. Mais il veut d'abord sacrifier au rite du verre d'alcool bu lentement, les yeux dans les yeux. Ayant avalé sa première gorgée de whisky, il s'étire et annonce :

– Je suis rompu ! Ma journée a été harassante mais captivante. Un cas superbe, à étudier dans tous ses recoins... Je t'en ai déjà parlé : le dossier Bourdan, l'histoire de cette veuve richissime et despotique, qui a payé des tueurs professionnels pour supprimer son gendre. Elle le détestait, simplement parce qu'il lui avait pris sa fille. Et la fille était plus ou moins d'accord avec la mère, bien qu'elle pleure son mari. D'ailleurs, toute la famille Bourdan était dans le coup. Il y a là un exemple étrange d'envoûtement entre les membres d'une même tribu pour détruire le gêneur, le perturbateur, l'étranger au clan... Le tout sur fond d'héritage et de fausses signatures... D'un côté des milliards, de l'autre des coucheries incestueuses...

– Et ça te passionne ? demande-t-elle avec ironie.

– Bien sûr ! Une cause en or pour un avocat un peu habile ! Je vais me régaler !

Elle sourit mélancoliquement :

– Autant qu'avec l'affaire Crémonnière ?

– Ce n'est pas comparable ! s'écrie-t-il. En ce qui concerne ton père, c'était l'injustice de sa condamnation qui me motivait ; en ce qui concerne les Bourdan, c'est la complexité psychologique de leur comportement, cette haine féminine, ancestrale, originelle, cette impulsion diabolique dont un Shakespeare eût fait ses délices…

Elle l'écoute pérorer avec un malaise croissant. Sans oser le dire ouvertement, elle lui en veut de s'enthousiasmer pour une affaire aussi sordide, après avoir montré tant de noblesse et tant de dévouement dans la défense de son père. Doit-elle en conclure que, pour lui, tous les clients se valent ? Un dossier chasserait l'autre ? L'essentiel serait de dénicher, en feuilletant des paperasses, quelques arguments astucieux pour étayer une plaidoirie ? Et on appelle cela un homme de métier ! Dommage ! Tandis qu'il s'appesantit sur le cas de la veuve Bourdan, elle caresse nerveusement la liasse de feuillets qu'elle brûle de lui soumettre. Enfin, il achève son exposé et s'excuse d'avoir été si long :

– Que veux-tu, ma chérie, j'aime t'associer à mes travaux, te faire partager mes emballements et mes réflexions… Mais venons-en aux choses sérieuses. Tu m'as apporté la suite ? Alors, vas-y ! Je t'écoute !

Elle commence sa lecture avec un sentiment de gêne. Comme si ce qu'elle racontait ne pouvait plus l'intéresser puisqu'il s'était entiché de la veuve Bourdan et de sa clique. Néanmoins, elle s'efforce de ne pas accélérer son débit par crainte de gâcher sottement ses chances de lui plaire. Il hoche la tête de temps à autre, mais ne l'interrompt à aucun moment. Quand elle arrive au bas de la dernière page, il s'exclame :

– Excellent ! Comme d'habitude ! Mais, à mon avis, tu as assez parlé de tes souvenirs de vacances. Il faut vite que tu enchaînes sur le meurtre, l'arrestation, les interrogatoires, le procès… C'est ça que les lecteurs attendent !

– Je n'écris pas pour les lecteurs, mais pour moi !

– Eh ! je le sais, ma chérie. C'est d'ailleurs ce qui fait la valeur de ton livre ! Seulement voilà, en admirant ton récit, je me surprends à oublier ce que tu es pour moi : le style de l'auteur masque à mes yeux le charme de la femme. Il m'est difficile de penser que celle qui écrit si bien est aussi celle qui me rend si heureux quand je la tiens dans mes bras !

En quelques mots, il est redevenu lui-même. Marie-Hélène lui sait gré de cet adroit rattrapage. Il lui a pris les deux mains et les couvre de baisers. Docile, apprivoisée, elle le suit dans sa chambre. Alors qu'elle s'y attend le moins, le souvenir de son père l'éblouit comme l'éclair. Elle est au lit avec un homme couché sur elle et, en même temps, la voici rue de l'Université au chevet d'un malade. Tandis que les lèvres de Porquès s'attardent sur ses seins et que monte en elle la houle du désir, elle voit un vieillard minable, en pyjama rayé bleu et blanc, qui se lamente d'une voix monocorde. A-t-il réellement mal ou joue-t-il la comédie pour se faire plaindre ? La présence de Rosine suffira-t-elle à le tranquilliser ? Parviendra-t-il à dormir ? Soudain elle se repent de l'avoir quitté. Le corps de Porquès collé au sien, s'activant dans le sien, au lieu de l'exciter, l'encombre et la cloue. Plus il a l'air de prendre plaisir à ce chevauchement, moins elle participe à son extase. Au moment où il gémit de bonheur, elle reste sur le qui-vive. Spectatrice déçue, elle n'a même pas le courage de feindre. Plutôt que l'envie de s'alanguir dans les bras de son amant, elle n'a qu'une hâte : retourner auprès de son père. Comment a-t-elle pu être assez légère, assez folle pour l'abandonner ce soir ? Certes, elle l'a déjà fait à plusieurs reprises et tout s'est bien passé en son absence. Ce n'était pas une raison pour céder cette fois ! Jamais elle n'a éprouvé une telle appréhension, un tel remords après l'amour. Couchée nue à côté de Porquès et toute chaude encore de sa pénétration, elle cherche en vain à concilier les deux tentations qui la tourmentent : goûter à plein cœur les délices du dévouement filial et jouir à pleine chair de la chance d'être femme. Dans la pénombre, elle devine que Porquès l'observe avec attention. Il rallume la lampe de chevet. D'instinct, elle tire le drap sur elle pour couvrir son buste. Et, lorsqu'il tente de l'enlacer à nouveau, elle a un mouvement de recul.

– Qu'est-ce que tu as ? demande-t-il gravement. Tu es fâchée ?

Elle a conscience du ridicule de ses réticences après les ébats qui les ont rapprochés :

– Non, mais il faut que je rentre... Papa n'était pas dans son assiette, ce soir... Je regrette de l'avoir laissé...

– Il y a Rosine auprès de lui !

– Ce n'est pas suffisant.

– Veux-tu téléphoner chez toi pour savoir si tout va bien ?

– J'aime mieux y aller. Tant que je n'aurai pas revu mon père, je me sentirai coupable...

Il rit avec l'assurance d'un homme en bonne santé, soucieux avant tout de calmer le jeu :

– Je te reconnais bien là, ma chérie ! Ton excès de scrupules finira par te rendre la vie impossible ! Quand tu n'as aucune raison de te tourmenter, tu t'en inventes une. Tu te gratterais un bobo jusqu'au sang, simplement pour t'occuper !

– Chacun ses manies ! dit-elle en haussant les épaules.

Il la regarde se recoiffer, se rhabiller, puis se rhabille lui-même en un tournemain.

– Onze heures à peine ! soupire-t-il. Tu n'es jamais partie si tôt !

– Nous nous rattraperons une autre fois, réplique-t-elle avec un entrain forcé. Tu m'as dit que tu avais eu une journée épuisante. Tu devrais te coucher, te reposer...

– Je préfère en profiter pour travailler encore un peu.

– Au dossier dont tu m'as parlé ?

– Oui, sans doute !

– Eh bien, c'est parfait ! Je vais retrouver mon père et tu vas retrouver la veuve Bourdan !

Il ne relève pas l'ironie piquante de cette observation, attend que Marie-Hélène ait commandé un taxi par téléphone et la raccompagne jusqu'à la porte. Le baiser qu'il lui donne sur le seuil est si appuyé, si profond qu'elle l'interprète comme une excuse pour tout ce qui a pu la froisser dans leur dernière conversation. De nouveau, elle est aimée, désirée, comprise comme personne au monde ne l'a été... depuis sa mère.

Mais à peine est-elle montée dans le taxi qu'elle se sent devenir une autre femme. Émergeant d'un rêve de petite-bourgeoise irresponsable, elle retourne à sa vraie vie : celle du scrupule, de la pitié, de l'angoisse. Jusqu'au moment de prendre pied sur le palier de l'appartement, elle lutte contre les à-coups de sa nervosité. La maison est silencieuse. Tous les locataires sont des couche-tôt. Rosine a dû entendre l'ascenseur, car elle ouvre la porte avant même que Marie-Hélène ait introduit la clef dans la serrure.

– Alors ? lui demande Marie-Hélène à brûle-pourpoint.

Rosine balance sa tête massive :

– Ça ne va pas fort, mademoiselle. Je ne sais pas ce qu'il a : il se plaint tout le temps de son ventre. Il est constipé. Depuis plusieurs jours, qu'il dit... Les suppositoires n'agissent plus...

J'espère que ce n'est pas cette saleté dans les intestins qui le reprend ! Il faudrait téléphoner dès demain au docteur Lucerne.

– Je vais le faire tout de suite ! décrète Marie-Hélène.

– À cette heure-ci, il ne doit pas être à son cabinet.

– J'ai son numéro personnel.

– Vous allez le déranger ! Ça peut attendre !

Conciliante, Marie-Hélène décide d'aller voir son père avant d'alerter le médecin. Elle entrebâille la porte, au fond du couloir. Son père s'est assoupi, comme d'habitude, sans éteindre sa lampe de chevet. Une expression de souffrance contracte ses traits, tandis qu'un ronflement, entrecoupé de soupirs, s'échappe de sa bouche béante.

– Laissez-le dormir, mademoiselle ! insiste Rosine. Il a l'air si bien, si tranquille ! Demain, vous aviserez.

– Vous avez raison, dit Marie-Hélène. Mais cette nuit, je me connais, je ne vais pas fermer l'œil ! Comme vous coucherez à côté, vous pourrez mieux l'entendre... À la moindre alerte, prévenez-moi !

– Comptez sur moi, mademoiselle. Vous savez, autrefois, j'ai voulu préparer un diplôme d'infirmière. Il m'en reste quelque chose.

Retirée dans sa chambre, Marie-Hélène laisse la porte ouverte pour être à l'écoute de la maison. Incapable de dormir, ce n'est pas son lit qui l'attire, mais la machine à écrire. Elle s'assied devant le clavier et aussitôt un film vertigineux se déroule dans sa tête. Elle tape sur les touches comme un automate. Phrase après phrase, elle revit la nuit d'épouvante qui l'a privée de sa mère et a conduit son père en prison. Lorsque les gendarmes l'ont emmené, des habitants du village étaient massés devant le portail de la propriété, silencieux, ahuris. Les mêmes qui, à l'invitation de Philippe Crémonnière, venaient le dimanche matin jouer aux boules à l'Olivette : le boulanger, le boucher, l'épicier de Peymeinade... Marie-Hélène cherche leurs noms. L'un d'eux s'appelait Marius Jolivetti. Elle est contente de s'en être souvenue. Et pourtant ça n'a aucune importance. Parfois, les deux sœurs et même maman se joignaient à la partie. Papa les taquinait sur leur maladresse. Le choc léger des boules, les exclamations victorieuses des joueurs quand on faisait un « carreau » ! Tout cela reste si proche que Marie-Hélène croit entendre encore le concert d'une demi-douzaine de voix méridionales autour du « verre de l'amitié » qui clôturait la séance. Et, parmi ces braves gens, il y en a eu plusieurs qui, lors du procès, ont témoigné contre papa. Comment est-ce possible ? Doit-elle détester ce coin de paradis où elle a été tour à tour si heureuse et si malheureuse ? À qui se fier ? Porquès a raison : si elle ne veut pas se laisser dévorer par les autres, elle doit ne penser qu'à elle-même, se préférer à tous, et d'abord à son père ! Ah ! s'abîmer dans la coquetterie, dans les futilités, passer des heures devant son miroir, s'aimer en se limant les ongles, s'aimer en s'épilant les sourcils, s'aimer en s'arrachant un poil du menton, s'aimer en choisissant un flacon de parfum sur sa coiffeuse, n'avoir qu'un seul but dans l'existence : plaire et se plaire ! N'est-ce pas ce que papa appréciait chez maman, tout en la critiquant par principe ? Marie-Hélène s'arrête de dactylographier le récit du drame. Une morte lui montre le chemin de la vie. Alors qu'elle se promet d'obéir désormais à cette sereine philosophie, des pas se rapprochent et Rosine glisse la tête par l'entrebâillement de la porte :

– Mademoiselle, venez vite ! Votre père vous réclame ! Il a de plus en plus mal au ventre ! Je ne sais pas quoi faire, moi !... Peut-être un lavement ?...

VII

Les événements se sont succédé à une telle vitesse que Marie-Hélène doute de les avoir tous vécus en si peu de temps : la visite en pleine nuit du docteur Lucerne, son air préoccupé en auscultant le malade, la conclusion qui tombe comme un couperet : « Il faut l'hospitaliser immédiatement », l'arrivée de l'ambulance, le transport à l'hôpital dans les hurlements de la sirène, l'admission au service des urgences où un interne confirme le diagnostic du médecin traitant, à savoir qu'il s'agit bien d'une occlusion intestinale. Pas une minute à perdre ! Avant que Marie-Hélène ait pu demander d'autres informations, son père a été endormi et dirigé sur un chariot vers le bloc opératoire.

Maintenant, assise dans la salle d'attente, avec Rosine à son côté, elle peut se croire reportée à quelques mois en arrière, quand elle guettait, rongée d'angoisse, dans une galerie du Palais de Justice, l'annonce du verdict qui déciderait du sort de papa. Aujourd'hui comme hier, elle doit s'en remettre à une sentence que d'autres rendront à sa place. Pour une jeune femme de sa trempe, il est cruel de constater son impuissance devant l'acharnement du destin. Au Palais de Justice, elle mettait son dernier espoir dans l'apparition d'une robe noire d'avocat ; à l'hôpital, c'est à chaque apparition d'une blouse blanche d'infirmière qu'elle tressaille. Ne va-t-on pas, enfin, lui donner des nouvelles de l'opération qui se déroule là-bas, dans cette zone mystérieuse interdite au public ? Il y a trois heures déjà qu'une civière roulante a emporté papa, couché sur le dos, anesthésié, inerte, prêt pour le sacrifice. La voiturette avec son chargement a disparu derrière une porte battante en verre dépoli. Marie-Hélène est d'autant plus inquiète que c'est jour férié : jeudi de l'Ascension ! Un mauvais moment pour tomber malade ! Ce sont sûrement des remplaçants, des « sous-fifres » qui charcutent papa pendant que les « grands patrons » se reposent dans leurs résidences secondaires ! À peine a-t-elle aperçu le chirurgien avant qu'il s'engouffre dans le « bloc ». Il lui a semblé courtaud, rustaud et un peu rogue : l'allure d'un paysan mal dégrossi. Aura-t-il l'œil assez sûr, la main assez précise ? Elle a retenu son nom : le docteur Moretti. Elle n'en a jamais entendu parler. Peut-être aurait-elle dû attendre demain et prendre contact avec tel ou tel as du bistouri que lui aurait recommandé Porquès ? Il a toujours été de bon conseil. Mais elle était si bouleversée qu'elle n'a prévenu ni son amant, ni sa sœur, ni tante Lucie de la soudaine aggravation de la maladie de papa et de son transfert à l'hôpital. Elle le fera sans faute en rentrant chez elle, tout à l'heure. En même temps, elle leur donnera le résultat de l'opération. Pourvu que ça se passe bien ! Pourvu que ce docteur Moretti ne soit pas un vulgaire boucher, malgré ses titres et ses diplômes !

Des pas se rapprochent. Elle se lève, s'avance... Mais ce ne sont que deux infirmières qui bavardent en marchant dans le couloir, les bras chargés de quincaillerie sanitaire. Le monde entier se fout de Philippe Crémonnière et de ses souffrances. Il peut mourir sur le billard que cela ne troublera pas le train-train de l'établissement ! Marie-Hélène se rassied. Et aussitôt elle se relève. Cette fois, c'est sérieux ! La porte s'ouvre. Des silhouettes blanches s'agitent. Comme à travers un brouillard de rêve, elle voit le chariot qui passe devant elle rapidement, avec papa endormi, livide, sous un étrange appareillage de tubes et de flacons. En un éclair il n'est plus là, englouti, digéré par la bâtisse immense et bourdonnante. Elle reste debout, éberluée. Quelqu'un lui annonce que le patient se trouve maintenant en salle de réanimation, où il est interdit de lui rendre visite. Heureusement, le chirurgien arrive à son tour. Il a l'air exténué sous son drôle de calot verdâtre. Son torse flotte dans une blouse chiffonnée aux louches salissures. C'est vrai qu'il a tout d'un honnête cultivateur descendant de sa moissonneuse-batteuse ! Des mains énormes et un doux regard, bleu de myosotis. Le docteur Moretti parle, parle, mais Marie-Hélène est trop émue pour saisir tout le sens de ses explications. Elle comprend cependant que l'occlusion intestinale de son père a été provoquée par des cicatrices datant de sa première opération. En ouvrant son abdomen, on a constaté une reprise du processus cancéreux dont il avait déjà souffert en prison, avec, hélas, des métastases hépatiques importantes et une carcinose péritonéale. Accablée par cette avalanche de termes scientifiques, Marie-Hélène balbutie :

– C'est très grave, docteur ?

– Je ne vous cacherai pas que mon diagnostic est réservé, répond le docteur Moretti en la regardant fixement, comme pour évaluer sa capacité de résistance.

– Qu'allez-vous faire ?

– La décision est délicate à prendre. On pourrait, certes, recourir à la chimiothérapie. Mais je vous avoue que, dans l'état de votre père, elle constituerait une épreuve supplémentaire, au résultat très incertain…

– Alors quoi ?

– Je pense que le mieux serait encore de laisser évoluer les choses sans brusquer le cours de la maladie. Nous avons levé l'occlusion intestinale. M. Crémonnière ne souffre plus.

Mais ce n'est sans doute qu'une rémission. Elle risque d'être brève.

Glacée de la tête aux pieds, Marie-Hélène demande :

– Puis-je le voir ?

– Vous pourrez l'apercevoir derrière la vitre de la salle de réanimation. Mais ce sera tout pour aujourd'hui. Il vous faudra attendre pour l'approcher qu'il soit admis dans la salle de réveil.

– Ce sera long ?

– Comptez quarante-huit heures environ...

– Merci, docteur.

Elle se rassied, les jambes fauchées. Rosine a tout entendu. Elle prend la main de Marie-Hélène et murmure :

– Je m'y attendais un peu, vous savez, quand j'ai tâté son ventre... Voulez-vous qu'on aille le voir par la fenêtre de la salle de réanimation ?

– Oui ! Venez vite ! s'écrie Marie-Hélène.

Et les voici toutes deux plantées devant la vitre de la porte close, comme si elles visitaient un aquarium. Là-bas, un homme gît de tout son long, sous un horrible enchevêtrement de fils et de tuyaux. Il en a dans la bouche, dans le nez, sur les bras... On dirait qu'une pieuvre géante l'enserre dans ses tentacules. Pas le moindre signe de vie dans ce corps à demi nu, sur ce visage émacié. Une chaleur lourde. Un silence de plomb. Marie-Hélène a déjà vu son père dans cette posture abandonnée de martyr. Lors de sa première opération, à l'hôpital pénitentiaire de Fresnes, il avait ce même aspect anonyme, décharné, anéanti. Et il s'en était tiré ; il s'en tirera de nouveau. Elle veut le croire pour continuer à croire en Dieu. Pendant quelques minutes, elle reste aux aguets, tendue, exigeante. À distance, sans un mot, elle insuffle sa volonté à ce faux mort, à ce faux vivant. Et elle songe que rien n'a changé : il est encore en prison ; elle l'observe à travers le judas de sa cellule ! Puis elle s'ébroue et dit :

– Allons-nous-en, Rosine ! Nous reviendrons quand il sera réveillé.

En sortant de l'hôpital, elles ne trouvent pas de taxi à la station. Une averse tiédasse fouette le pavé. Serrées l'une contre l'autre sous un même parapluie, elles se précipitent sur la première voiture qui se range le long du trottoir. Le chauffeur, un Noir du genre jovial, demande :

– Vous venez de l'hôpital ?

– Oui, répond Marie-Hélène.

– Tout s'est bien passé ?

– À peu près...

– Eh bien, tant mieux, tant mieux !... Je connais : c'est ici que mon épouse a accouché... Des jumeaux... Alors, vous pensez ! Je vous conduis où, mesdames ?

Arrivée à la maison, Marie-Hélène va droit vers le téléphone, mais Rosine l'interpelle :

– Il est bientôt quatre heures du matin... C'est trop tard ou trop tôt... Attendez un peu pour prévenir votre sœur et votre tante.

– Oui, oui, où avais-je la tête ?... Tout à l'heure, ce sera mieux...

– Il y a également maître Porquès qui doit s'inquiéter ! remarque Rosine, toujours aussi perspicace.

– Lui aussi, je l'avertirai plus tard ! décrète Marie-Hélène.

Et, subitement, elle a l'impression qu'elle n'est plus seule et qu'un bras solide, sur lequel elle ne comptait pas, s'offre pour la soutenir. Rassérénée, elle s'allonge tout habillée sur son lit, ferme les yeux, respire à fond ; puis, s'étant reposée, elle court vers sa machine à écrire et tape, page après page, avec acharnement. Chaque minute compte. Pourvu qu'elle ait le temps de finir avant la mort de papa ! Mais il ne mourra pas, puisqu'elle refuse de l'admettre !

Dans la matinée, elle est au téléphone : la première prévenue est tante Lucie. Effondrée de chagrin, elle promet de venir au début de l'après-midi. Charlotte est plus calme : elle pense pouvoir être à Paris demain. Quant à Porquès, il est désolé, mais il plaide aujourd'hui en province.

– Le procès Bourdan ? demande Marie-Hélène machinalement.

– Non, un autre... Je ne sais plus où donner de la tête, ma chérie... Mais compte sur moi, je me libérerai le plus vite possible... Je pense à toi très fort... Je t'aime... Je te téléphonerai d'ici là pour avoir de meilleures nouvelles...

Des mots, des mots, et rien derrière ! Marie-Hélène repose l'appareil avec tristesse, avec résignation et rejoint Rosine à l'office. Quelle que soit la profondeur de la peine, il faut songer à se nourrir. Toute l'horreur de la condition humaine se trouve résumée dans cette évidence. Par lassitude, par dégoût, Marie-Hélène refuse de passer à table dans la salle à manger et déjeune sur le pouce, avec Rosine, dans la cuisine.

De retour à l'hôpital, elle constate que l'état de son père, toujours enfermé dans la salle de réanimation, est stationnaire. Placée en sentinelle devant la porte close, elle souffre de son inutilité en ce moment crucial. Son seul réconfort lui vient de tante Lucie, qui, après avoir longuement observé le malade à travers la vitre, sous son harnachement de tubes et de sondes, se tourne vers elle et dit :

– Surtout ne te reproche rien, ma petite Marie-Hélène ! Même si j'avais été là, ça n'aurait rien changé !

Émue par ce généreux oubli des offenses, Marie-Hélène lui propose de venir dîner à la maison. Mais tante Lucie est fatiguée. Elle préfère rentrer chez elle, à la Nation. Excellente solution. Marie-Hélène la laisse partir et reste elle-même sur place.

À l'approche du soir, l'hôpital est d'un calme irréel. Le ballet des infirmières, le va-et-vient silencieux des chariots, tout ici semble réglé par un metteur en scène soucieux d'éviter les rencontres intempestives et les tintements de vaisselle. Le docteur Moretti n'étant pas là, un interne, qui paraît compétent, rassure Marie-Hélène : son père a apparemment bien supporté le choc opératoire. Mais il faut attendre encore pour se prononcer sur les suites de l'intervention. Que la famille prenne donc patience et revienne demain, ou plutôt après-demain, lorsque le malade aura été transféré de la salle de réanimation à la salle de réveil.

Marie-Hélène espère beaucoup de cette entrevue. Charlotte, venue la veille, étant déjà repartie pour Angoulême, elle se rend à l'hôpital accompagnée de Rosine et de Porquès. Une infirmière à l'autorité draconienne filtre les visiteurs à la porte du saint des saints. Le règlement est formel : une personne à la fois et pour trois minutes au maximum. Vu l'état de prostration du malade, il vaudrait même mieux, selon l'infirmière, que seule sa fille l'approchât. Laissant Rosine et Porquès dans le couloir, Marie-Hélène pénètre, avec un respect religieux, dans la petite pièce aux murs blancs où règne une chaleur de serre. Papa est toujours allongé, immobile, sur le dos. Il semble que l'appareillage compliqué qui le cloue à son chevalet de torture ait été allégé. Pourtant, il est encore ligoté, épinglé : sonde gastrique reliée à un bocal, sonde urinaire avec son affreuse poche en plastique pendue à côté, dispositif de perfusion, électrodes appliquées sur la poitrine et raccordées à un écran que zèbre une ligne verte, sautillante, tampons d'ouate, bandes de sparadrap... Les yeux ouverts, un tuyau dans le nez, il respire par saccades, comme s'il était sur le point de se noyer. A-t-il repris conscience ? Se rend-il compte du lieu où il se trouve ? Souffre-t-il de n'être plus qu'un paquet de viande livré aux minutieux instruments de supplice de la médecine ? Une lueur d'intelligence passe dans ses prunelles vitreuses. Marie-Hélène tressaille d'espoir. Il l'a reconnue ! Il tente de sourire, malgré cet horrible conduit souple et transparent dans la narine. Elle lui touche la main. Il bouge un doigt, deux doigts. Et soudain il parle. Une voix blessée, éraillée, à peine perceptible. Que veut-il lui dire de si urgent ? Penchée sur lui, elle entend des bribes de phrases portées par une respiration sifflante :

– Quelqu'un a dit devant moi..., tout à l'heure, que... j'ai été opéré le jour de l'Ascension...

– C'est exact, reconnaît Marie-Hélène, surprise par cette remarque saugrenue.

– Bon..., mais voilà... J'ai oublié... Quelle est la différence entre l'Ascension et... l'Assomption ?

Elle sourit avec pitié : comment peut-il se préoccuper de ce détail alors qu'il flotte entre la vie et la mort ? Aurait-il perdu la raison au cours de l'anesthésie ?

– Ça n'a aucune importance, papa !

– Si, si… Je dois savoir… Tâche de te renseigner…

Elle fait appel à ses lointains souvenirs de catéchisme et répond :

– L'Ascension, c'est la montée du Christ au ciel, quarante jours après sa crucifixion, et l'Assomption, c'est… c'est le transport de l'âme et du corps de la Sainte Vierge là-haut… Enfin, je crois…

– Bon, bon, dit-il. Ça me revient… Merci…

Il se calme, abaisse les paupières, passe un bout de langue entre ses lèvres gercées. Suspendue au rythme de sa respiration, Marie-Hélène se demande si elle ne devrait pas le laisser seul pour lui permettre de revenir tout à fait à la vie. Mais déjà il rouvre les yeux. De nouveau, il veut parler, il parle. Cette fois, il se plaint d'avoir la bouche sèche, de manquer de salive. Sa langue remue avec difficulté. Il gémit :

– Mouille-moi les lèvres…

Marie-Hélène a pris la précaution d'apporter une petite bouteille d'eau minérale dans son sac ; il y a des carrés de gaze sur une tablette, à la droite du lit. Elle en imbibe un délicatement et humecte les lèvres altérées de son père. Il bat des paupières. Il est content. Il fait signe qu'il veut dire quelque chose. Elle se rapproche de lui jusqu'à respirer son haleine forte. Sans doute va-t-il lui confier encore une insanité née de son cerveau en déroute ? Il articule entre deux halètements qui ressemblent à des râles :

– Il faut que tu saches… C'est très important… Plus important que tout… Ne le répète à personne…

Et soudain cette phrase, dont il détache chaque mot :

– Ta mère, Marie-Hélène… Voilà, c'est moi qui l'ai tuée !

Foudroyée par le choc, elle croit d'abord qu'il délire. Mais non, il n'a pas changé de visage. Il paraît même de plus en plus lucide. Sa voix se raffermit. Son regard exprime une douloureuse prière :

– Écoute-moi, je t'en supplie… Cette fois, je dis la vérité. Ce soir-là, ta mère était partie pour Cannes, dans sa voiture, avec ce type… Jean Maudrut… À trois heures du matin, elle l'avait reconduit chez lui, à Spéracèdes… Puis elle est revenue à la maison… Je l'attendais derrière un pilier de l'entrée… Elle est descendue de l'auto… pour ouvrir le portail… Alors je suis sorti de ma cachette… Je lui ai déballé ce que j'avais sur le cœur… J'ai tiré… Deux fois… Voilà !… J'ai nié autant que j'ai pu…, toujours…, devant les enquêteurs, devant les juges… Je ne voulais pas pourrir en prison… Tu t'es débrouillée pour me tirer de là… Tu as bien fait… Ou peut-être pas… Je ne sais plus… Garde ça pour toi… Le monde entier n'est qu'un merdier qui pue…, qui pue !… Je vais crever !… Tout ce que je te raconte là, je l'ai noté, oui…, sur un papier… Ma confession, quoi !… Avec ma signature au bas de la page…

Tu la trouveras à la maison, dans ma table de nuit, sous les ordonnances… Lis-la… Déchire-la… Déchire tout… Adieu !

Il est à bout de souffle, il étouffe. Inquiète, Marie-Hélène appelle l'infirmière, qui aussitôt se précipite. Un interne de service surgit à son tour et interdit les visites jusqu'à nouvel ordre. Il craint, dit-il, l'effet de « décompensation » sur le malade, qui est encore très faible.

Chassée de la salle de réveil, Marie-Hélène se retrouve dans le couloir, entre Rosine et Porquès. Il lui demande si elle a pu échanger quelques mots avec son père.

– Non, dit-elle résolument. Il n'a plus sa tête. Il divague. Allons-nous-en !

VIII

La machine à écrire nargue Marie-Hélène de tout son alphabet réparti sur les rangées de touches. Après les aveux de son père, elle n'a plus le courage de continuer à rédiger le livre qu'elle voulait consacrer à la dénonciation d'une monstrueuse erreur judiciaire. En quelques mots, le héros de cet imbroglio lamentable a jeté bas une montagne d'illusions, un monument d'adoration filiale que rien ne remplacera pour celle qui en était si fière. Ayant voué toutes ses forces au triomphe de l'innocence, elle se retrouve, du jour au lendemain, bernée, ridiculisée, avec un passé gâché à la source et l'image d'un père qu'elle ne peut plus ni admirer ni même plaindre. Elle rêvait ingénument de lui décerner la palme du martyre et c'est celle de l'imposture qu'elle lui décernera, au seuil de la mort. Mais, chose bizarre, c'est surtout à elle-même qu'elle reproche l'échec de ses espérances. Il serait peut-être resté en prison si elle ne s'était mis en tête de l'en faire sortir. Oui, oui, la principale coupable, c'est elle ! Sa candeur a préparé et amplifié le désastre final. Par amour pour son père, par orgueil de son nom, elle a risqué le tout pour le tout. Et elle a perdu. Plus qu'elle n'avait misé. Il ne lui reste rien. Même pas de quoi se consoler avec un souvenir. Et dire que les gentils journalistes d'*Herbages* ont voulu la hisser sur un piédestal ! Quelle dégringolade pour l'idole de cette jeunesse tempétueuse et assoiffée de pureté ! Marie-Hélène a trouvé, dans le tiroir de la table de nuit, le papier dont son père lui avait parlé lors de sa visite à la salle de réveil : une confirmation précise et laconique de ce qu'il lui avait dit ce jour-là. Elle a lu le document et l'a déchiré dans un accès de colère. Tournant à petits pas autour de la machine à écrire dont le clavier lui refuse désormais toute complicité, elle ne ressent plus le besoin d'aller à l'hôpital ni de prendre des nouvelles de son père auprès d'une infirmière distraite. Rosine et tante Lucie sont surprises de sa soudaine indifférence.

– Il n'y a rien d'autre à faire qu'à attendre, leur dit-elle froidement.

Quelques jours plus tard, on l'appelle au téléphone pour lui apprendre que son père est entré dans le coma. Elle en éprouve un soulagement mêlé de tendresse et de rancune. C'est un interne au ton neutre qu'elle a au bout du fil.

– Vous devriez venir, madame… Je crois que c'est la fin…

Elle dit : « Oui, oui ! » mais ne se dépêche pas. Ce que papa a de mieux à faire après avoir tant menti, c'est de disparaître.

Quand elle débarque à l'hôpital, flanquée de Rosine, de tante Lucie et de Porquès, Philippe Crémonnière a déjà été transporté à la morgue. Mise en présence du cadavre, Marie-Hélène s'étonne de le voir étendu tout habillé sur un brancard métallique, rasé de près, coiffé, beau comme un sou neuf, en attendant d'être enfermé dans un cercueil. Évidemment, dès qu'un lit se libère, ici, il y a preneur derrière la porte. On a hâte de se débarrasser des épaves. Le visage de papa est d'une sérénité à la fois solennelle et bienveillante. Ses rides ont disparu. N'est-ce pas un sourire qui plisse la commissure de ses lèvres ? Comme s'il avait enfin obtenu ce qu'il désirait depuis longtemps. Tante Lucie sanglote dans un mouchoir. Rosine multiplie les jérémiades et les signes de croix. Porquès lorgne sa montre à la dérobée : il a toujours un rendez-vous en attente, celui-là ! En effleurant d'un baiser d'adieu le front glacé de son père, Marie-Hélène a l'impression d'entrer en contact avec un secret insondable et définitif. Le royaume de la mort est à la portée de son souffle et cependant, l'ayant approché, elle n'en rapporte aucune certitude. Son père n'est plus là. Et il n'est pas davantage ailleurs. Vite, qu'on le mette en terre, qu'on n'en parle plus, que la vie reprenne !

Porquès se charge des formalités. Marie-Hélène ne lui a rien dit des aveux de papa à l'hôpital. Il ne comprendrait pas leur importance ou les interpréterait de travers. Elle préfère garder ce remords pour elle et continuer de souffrir dans son coin, en silence. Charlotte et son mari viennent à Paris pour les obsèques. Ils ne voudraient ni l'un ni l'autre manquer aux usages ; mais ils repartiront dès le lendemain. Ils ont amené leurs enfants, parce qu'un tel jour doit être vécu en famille. Charlotte soupire à tout bout de champ, en caressant le crâne de ses rejetons. « Quand je pense qu'ils n'auront même pas connu leur grand-père ! » se lamente-t-elle. Deux gamins qui bâillent et grimacent pendant la messe. La cérémonie est d'une sobriété et d'une dignité parfaites. Les orgues jouent, les fidèles prient, un prêtre recommande à Dieu d'accueillir en son paradis cette âme noble et sans tache. Et Marie-Hélène qui n'a pas le droit de se dresser et de crier qu'il est temps d'arrêter la comédie ! L'innocence, l'excellence de feu Philippe Crémonnière sont admises, une fois pour toutes, par la France entière. Il est enterré dans un secteur reculé du cimetière Montparnasse. On a rouvert le caveau familial pour y descendre le cercueil de papa, à côté de celui de maman. Comme personne ne le soupçonne plus de l'avoir tuée, la réunion des deux époux sous la même dalle et sous la même croix paraît exemplaire à toute l'assistance.

Le lendemain, les lettres de condoléances affluent. Marie-Hélène ouvre les enveloppes avec un coupe-papier, parcourt quelques lignes au hasard et, chaque fois, replonge avec écœurement dans l'atmosphère de tricherie qui l'accable depuis sa dernière visite à l'hôpital. Au vrai, dans cette salle de réveil, c'est elle qui s'est réveillée. Elle ne peut plus supporter les palinodies de ces gens qui lui écrivent pour déplorer la disparition d'un « homme remarquable », dont « la droiture, la probité, le courage, la patience » ont triomphé, à la longue, de l'aveuglement d'un tribunal malintentionné. Ils gémissent sur la fin prématurée d'un « juste », alors qu'il les a tous roulés ! Il y a même, dans le tas, un message des « jeunes amis » d'*Herbages,* qui sont consternés par « ce deuil cruel et absurde » et espèrent qu'il n'interrompra pas la « croisade » de Mlle Crémonnière « pour la vérité ». « Nous attendons votre livre avec autant d'impatience que de confiance », affirment les signataires : Muriel Toutin et Dominique Pietri. La plus formidable farce du siècle ! pense Marie-Hélène avec épouvante. Une mascarade éhontée, soutenue par les médias de tous bords ! Son père l'a envoûtée. Pourtant, il n'avait rien de séduisant à première vue. On peut donc s'attacher à un homme sans être le moins du monde émue par son aspect physique, sans trembler de bonheur à la lumière de ses yeux, à l'odeur de sa peau. Aimer sans désirer, aimer dans le vide. Elle s'est livrée à lui, follement, définitivement, dès son plus jeune âge, peut-être pour le consoler d'être si malheureux à cause de maman, pour racheter la faute de maman... Aveuglée par ce sentiment de revanche filiale, elle a continué après la mort de sa mère. Mais aurait-elle été aussi acharnée à le défendre, à le sauver si Porquès n'avait pas poussé à la roue ?

Il ne lui a pas téléphoné depuis l'enterrement. D'ailleurs – elle ne sait trop pourquoi –, elle n'est pas pressée de l'entendre. Enfin, il l'appelle et elle reconnaît que le son de cette voix un peu rauque la réconforte. Comme il la prie de venir chez lui le lendemain soir à six heures, selon leur habitude, elle lui répond qu'elle préférerait le recevoir chez elle. À présent que son père n'est plus là, dit-elle incidemment, elle n'a aucune raison de se cacher. D'autant qu'elle voudrait lui montrer les nombreuses lettres de sympathie qu'elle a reçues et qui toutes donnent une image flatteuse du défunt.

– C'en est gênant ! conclut-elle.

– Pourquoi ?

– Pour rien... Trop, c'est trop !... Tout à coup, je comprends papa qui ne voulait pas qu'on parle devant lui de « l'affaire » !

En prononçant ces mots, elle songe à part soi que sans doute, après avoir clamé son innocence à tous les échos et avoir été libéré, Philippe Crémonnière a souffert de l'énorme tromperie qui lui a permis de sortir de prison. Plus on le félicitait de sa victoire sur les professionnels de la justice, plus on le voyait renfermé et morose. Depuis qu'il s'est confessé à sa fille, elle doit subir la contagion de son remords. Qu'elle le veuille ou non, elle a été entraînée sur les pas d'un mystificateur. De championne d'une belle cause, elle est devenue complice d'une vilenie. Il a fini son calvaire ; elle commence le sien. Et toujours la machine à écrire, posée devant elle, comme un rappel dérisoire de ses ambitions. Après avoir aimé cette mécanique docile pour les services qu'elle lui a rendus, elle la trouve hideuse, inutile, encombrante et la range dans un placard.

Le lendemain soir, Porquès arrive chez elle, à l'heure convenue, et entre d'emblée dans le vif du sujet :

– Tu m'as sevré de lecture, depuis des jours et des jours ! As-tu encore quelques pages à me montrer ?

– Non, dit-elle. Je n'ai pas continué.

– Dommage ! C'est la mort de ton père qui t'a coupée dans ton élan ?

Elle est assise en face de lui, dans sa chambre. Le lit est derrière eux, prêt à les recevoir. Elle a renvoyé Rosine pour être plus tranquille. Charlotte et sa nichée sont reparties pour Angoulême. Et tante Lucie attend, dans son petit studio du douzième arrondissement, que sa nièce lui donne le signal du retour rue de l'Université. Mais Marie-Hélène tient trop à sa liberté pour rappeler auprès d'elle cette femme assommante à force de mignonnerie. Depuis un moment, elle se demande si elle a eu raison d'inviter Porquès chez elle plutôt que de le rejoindre chez lui. De toute façon, ce qui doit arriver arrivera. Ils s'aiment, ils se le sont dit et redit, ils se le sont prouvé. On ne va pas revenir là-dessus. D'ailleurs, ils ont toute la nuit devant eux. Or, au lieu d'oser le geste qu'elle espère de lui après ces quelques jours de deuil et d'abstinence, il se remet à parler du livre, dont il regrette qu'elle ait interrompu la rédaction.

– Tu sais, dit-il, j'ai vu Villedieu avant-hier. Il est de plus en plus pressé de mettre ton bouquin en fabrication. Tu devrais lui envoyer au moins la première partie. Ça le ferait patienter…

– Rien n'est vraiment prêt, répond-elle, repliée sur elle-même.

– Comment ? Et tout ce que tu m'as lu ?

– C'est à revoir de *a* à *z* !

– Pourquoi ?

– Ce n'est pas au point !

– Tu es folle, ma chérie !… Je te défends d'y toucher ! Tu gâcherais tout !

Comme elle secoue la tête en signe de refus, il insiste avec une autorité qui soudain la surprend et la braque :

– Donne-moi ton manuscrit tel quel, Marie-Hélène ! Je te jure qu'il est de premier ordre ! Je l'enverrai, moi, sous ma propre responsabilité, puisque tu hésites à le faire…

Tout en parlant, il a avisé la liasse de feuilles dactylographiées sur la table. Il avance le bras et s'en saisit promptement. Marie-Hélène ne peut tolérer cette captation, ce vol. Dressée d'un bond, elle lui arrache le paquet des mains et crie :

– Non ! Je te défends !

Et, sans réfléchir, elle ajoute d'une voix entrecoupée par la colère :

– Tout est faux, là-dedans !… Je n'ai pas le droit !… Papa m'a parlé avant de mourir… Il m'a donné les détails, les preuves… C'est lui !… C'est lui, l'assassin ! Maintenant que je le sais, je ne peux plus me taire, feindre l'ignorance, jouer à présenter Philippe Crémonnière comme une victime de la société !

Sans se démonter, il lui prend les deux poignets, l'oblige à se rasseoir et lui dit posément, les yeux dans les yeux :

– Calme-toi, ma chérie… Tu ne m'apprends rien… Je m'en doutais depuis longtemps…

Le souffle coupé, elle balbutie :

– Tu t'en doutais… et, malgré ça, tu as plaidé l'innocence ?

– C'était le seul moyen pour tirer ton père de prison. Il y était si malheureux !… Et toi également tu étais malheureuse… À qui faisais-je du tort en obtenant sa libération ? À personne puisque ta mère était morte, que Jean Maudrut était mort lui aussi et que l'affaire pouvait être classée faute de preuves ! Je n'ai pas hésité... J'ai exploité les maladresses de l'instruction, j'ai tiré parti de toutes les failles du dossier, j'ai convaincu magistrats et jurés en agitant devant eux l'épouvantail de l'erreur judiciaire...

– Et tu m'as laissée m'enferrer dans l'idée d'un père au-dessus de tout soupçon, d'un père odieusement persécuté, d'un père admirable !

– Je te le répète, ma chérie : où était le mal ?

Elle ouvre tout grands les yeux comme pour se convaincre que l'homme qui lui tient ce langage abject est bien celui qui naguère la faisait jouir sous ses caresses. L'indignation la submerge, la secoue ; elle a envie de hurler, de cracher, mais sa langue est sèche et aucun son ne sort de sa bouche. Après papa, Porquès ! Les deux hommes de sa vie lui font un pied de nez. Flouée par son père, flouée par son amant, sur qui peut-elle encore compter dans cet univers de faux-semblants ? La voyant au bord de la crise de nerfs, Porquès se rapproche d'elle et cherche à la prendre dans ses bras. Elle se dégage brusquement et dit d'une voix détimbrée :

– Non, Étienne... C'est cassé... Tu n'as plus rien à faire ici... Ta seule vue m'est pénible... Va-t'en ! Oublie-moi ! En ce qui me concerne, c'est déjà fait... Tu n'existes plus... Va-t'en ! Va-t'en ou je crie pour ameuter les voisins !

Comme il hésite encore à lui obéir, elle répète avec une rage qui la défigure et la fait bégayer :

– Eh bien, qu'attends-tu ?... Faut-il que je te gifle, que je te pousse dehors par les épaules ?... Hors d'ici ! Hors d'ici ! Sors de ma vie ! Et ne reviens jamais !

Elle trépigne, elle suffoque, elle ne trouve plus ses mots. Quand elle s'est tue enfin, il baisse la tête et s'en va.

Restée seule, Marie-Hélène s'écroule en travers du lit. Peu après, elle se relève, se passe de l'eau froide sur le visage et va chercher la machine à écrire dans le placard où elle l'a remisée. À présent, ce qu'elle tape n'a aucun rapport avec le début de son récit. Faisant suite à l'évocation de sa vie heureuse à Peymeinade, à la relation des deux procès et des années de combat, elle raconte le plus sincèrement et le plus simplement possible l'étrange comportement de son père à sa sortie de prison, l'étonnement de l'entourage devant sa répugnance à jouir d'une notoriété bien méritée, les progrès de sa maladie, son transport à l'hôpital, son opération, ses terribles aveux chuchotés dans la salle de réveil.

Ce travail la retient toute la nuit. Elle le poursuit les jours suivants avec une obstination farouche, ne s'interrompant que pour grignoter un sandwich et boire une tasse de thé. Au bout d'une semaine, le récit est bouclé. Elle a tout dit de ce qu'elle avait d'abord voulu taire.

Nul ne pourra l'accuser de mensonge. Parvenue au terme de cette épreuve de vérité, elle inscrit le titre sur la première page : *Pleins Feux sur l'affaire Crémonnière.* L'après-midi même, elle empaquette soigneusement le manuscrit et se rend à la poste pour l'envoyer en recommandé à l'adresse des éditions Villedieu.

Rentrée à la maison, elle regrette d'avoir donné congé à Rosine jusqu'au lendemain. L'appartement lui paraît lugubre soudain, avec toutes ces chambres vides dont elle fait le tour, ces placards où pendent des vêtements inutiles : ceux de maman, qu'on a gardés bien qu'elle soit morte depuis longtemps, ceux de papa qui vient d'être enterré, ceux de Charlotte qui en a laissé quelques-uns ici alors qu'elle se dorlote à Angoulême, ceux que tante Lucie a « oubliés » quand Marie-Hélène l'a mise à la porte, un jour, avant de réserver le même sort à Porquès. Elle se découvre si solitaire, si désœuvrée au milieu de cette collection de fantômes que, dans son besoin d'entendre une voix familière, elle finit par téléphoner à Charlotte. Sa sœur lui répond, malgré l'heure tardive. Elles n'ont rien à se dire, mais, comme d'habitude, Charlotte est intarissable sur les sujets qui lui tiennent à cœur : son mari, ses enfants, son intérieur, ses projets d'installation dans un bel appartement au centre d'Angoulême.

– Je finirai bien par le décrocher, ce quatre-pièces avec balcon ! Le tout est de ne pas jeter le manche après la cognée ! Nous avons déjà mis un peu d'argent de côté. Et Gustave a obtenu un prêt très avantageux de sa société. Mais c'est insuffisant. Il nous faudrait le double pour réaliser l'opération...

Lasse du robinet d'eau tiède qui coule dans son oreille, Marie-Hélène raccroche avec le sentiment de n'avoir pas plus de sœur que de père ou de mère.

Et, subitement, elle se repent d'avoir chassé Porquès dans un accès de fureur. Il aurait fallu lui laisser le temps de s'expliquer, de se justifier... Après tout, ses torts ne sont pas comparables à ceux de papa. Il a cru bien faire en soutenant le mensonge. Ce n'est pas par égoïsme qu'il a agi, mais par altruisme, par souci d'épargner un surcroît de peine à un homme certes coupable, mais déjà châtié au-delà de sa faute, et à la fille de cet homme, dont il a eu la faiblesse de tomber amoureux. Oui, oui, son attitude méritait une discussion, une dispute, non une rupture. Comme toujours, elle a été emportée par son caractère intransigeant. Peut-être est-il encore possible de réparer ce gâchis ? C'est à elle de faire le premier pas.

Elle rumine cette pensée tout au long de la nuit. Couchée dans son lit, elle lutte contre une succession de cauchemars qui la secouent jusqu'aux os. Dans sa tête chamboulée, c'est tantôt son père, tantôt Porquès qui est l'assassin. Et la victime, c'est tantôt sa mère, tantôt elle-même. Porquès et son père ne font qu'un et c'est la petite Marie-Hélène de quinze ans qui gît, inanimée, devant le portail ouvert de l'Olivette. Pourquoi craindre la mort ? Il est si apaisant de s'imaginer en cadavre !

Marie-Hélène se réveille à l'aube, exténuée, divagante, hagarde, incapable de dire quel jour on est, ni si elle se trouve à Paris ou ailleurs. Une douche glacée lui remet les idées en place. Quand Rosine vient prendre son service, elle constate que « Mademoiselle s'est mise sur son trente et un » ; elle lui prépare du café et des tartines. La journée est radieuse. Le ciel bleu, la douceur matinale, tout semble inviter Marie-Hélène à la réconciliation. À peine a-t-elle avalé son petit déjeuner qu'elle décroche le téléphone et appelle Porquès. Elle n'a pas prévu ce qu'elle lui dira pour excuser sa violence d'il y a huit jours. Dans les malentendus sentimentaux, il vaut mieux se fier à l'improvisation pour panser les blessures. Quatre mots et quatre soupirs suffiront à le convaincre d'oublier leur stupide querelle. Qu'il se souvienne ! Qu'il la serre à nouveau dans ses bras ! Que tout reprenne comme par le passé ! Elle ne demande pas autre chose. Mais la sonnerie du téléphone se perd dans le vide. Personne au bout du fil. Porquès est absent et il n'a pas branché le répondeur. Marie-Hélène s'en étonne un peu, mais se ressaisit vite. Qu'elle est sotte ! Ne sait-elle pas qu'il a l'habitude de travailler tôt ? À cette heure-ci : neuf heures et demie, il est sûrement déjà à son cabinet. C'est là-bas qu'il faut l'appeler. Mieux encore, au lieu de lui parler à distance, elle devrait se rendre droit à son bureau et avoir avec lui, face à face, une conversation franche et définitive. Excitée par la promesse de cette rencontre, Marie-Hélène regrette d'avoir tant tardé à s'y résoudre. Bousculant Rosine, qui l'interroge sur les achats à faire pour le déjeuner, elle jette gaiement : « Ne m'attendez pas ! Je ne sais pas quand je rentrerai », se précipite dans la rue et hèle un taxi avec de grands gestes de naufragée.

Pendant le trajet, le cœur lui bat aussi fort qu'à son premier rendez-vous avec Porquès. Comment va-t-il la recevoir ? Avec gratitude, avec malice, avec émotion, avec remords ? Elle croyait le connaître et se demande, tout à coup, si elle ne court pas vers un étranger. C'est la gorge serrée qu'elle pénètre dans l'antichambre des bureaux de l'avenue de La Bourdonnais. Ils sont trois avocats à se les partager, mais c'est Porquès qui dirige le cabinet. Mlle Reverdy, selon son habitude, est assise devant l'ordinateur et reçoit les visiteurs en continuant à tapoter sur les touches. Dominant sa gêne, Marie-Hélène la prie, avec un sourire faussement désinvolte, de l'annoncer à Me Porquès.

– Je regrette, madame, répond Mlle Reverdy. Me Porquès est absent…

Dépitée, Marie-Hélène s'imagine qu'il est au Palais et demande négligemment :

– Quand revient-il ?

– Pas avant trois jours, madame.

Cette précision achève de désemparer Marie-Hélène. Néanmoins, elle tente de feindre l'indifférence.

– Il… est en voyage ? balbutie-t-elle.

– Oui, madame. Depuis hier. Il est parti pour Rennes…

– Encore ?

– Eh oui !

– L'affaire Bourdan ?

– Exactement… L'audience a été une fois de plus reportée. Dans ces conditions, vous comprenez…

– Peut-on le joindre par téléphone à son hôtel ?

– Il n'est pas descendu à l'hôtel.

– Et où est-il, alors ?

– Chez Mme Bourdan.

– Sa cliente ?

– Non, chez la belle-fille de la veuve Bourdan… Mme Clémence Bourdan, je crois… Voulez-vous son numéro ?

– Je ne sais pas… Non, c'est inutile ! soupire Marie-Hélène, coupée net dans son élan.

Mlle Reverdy la considère avec un intérêt apitoyé. Cette gentillesse subalterne irrite Marie-Hélène comme un outrage à la grandeur de ses sentiments.

– Si Me Porquès téléphone, je lui dirai que vous êtes passée le voir au cabinet, propose Mlle Reverdy avec obligeance.

– Surtout pas ! réplique Marie-Hélène d'un ton sec.

– Voulez-vous lui laisser un message ?

– Aucun message !

Submergée par une nouvelle vague de colère, Marie-Hélène repasse la porte et marche sans but dans la rue. Pourtant, il n'y a rien d'anormal à ce que Porquès ait quitté Paris pour s'occuper de l'affaire Bourdan. Ce déplacement fait partie de ses obligations professionnelles. Après la scène que Marie-Hélène lui a infligée huit jours auparavant, il a été repris par son métier. Chez un homme, le métier excuse tout, console de tout. Devant ce refuge moral, si apprécié de la gent masculine, Marie-Hélène déplore de n'avoir pas, elle aussi, un métier auquel elle pourrait se raccrocher dans les moments de désespoir. Son métier à elle n'a consisté, depuis des années, qu'à aimer et à secourir. Elle ne sait pas faire autre chose. Une sœur de charité, une aide familiale… Certaines femmes se fixent un but dans l'existence, s'efforcent de réussir dans les arts, dans le commerce, dans l'administration, dans la médecine, dans la politique… Elle n'a jamais eu en tête que le bonheur de son père, puis celui de Porquès, lesquels ne méritaient, ni l'un ni l'autre, qu'elle se consacrât à eux. Alors qu'elle aurait tant besoin d'être épaulée, papa est mort et Porquès est loin. La série noire continue. Mais doit-elle s'en plaindre ? Tout est mieux ainsi. Après avoir eu envie, sur un coup de fièvre, de se rabibocher avec son amant, elle est contente d'en avoir été empêchée. Ce n'est pas une coucherie qui pourrait effacer le mal qu'il lui a fait en l'encourageant à édifier la légende d'un Philippe Crémonnière innocent et persécuté. Même si Porquès revenait à elle, l'orgueil de Marie-Hélène lui interdirait de l'aimer comme avant. Elle a trop le goût de la perfection pour se satisfaire du réchauffé. Heureusement qu'il est en voyage ! Elle aussi, d'ailleurs, voudrait voyager... Oh ! elle n'irait pas à Rennes... Porquès serait bien ennuyé si elle se présentait à sa porte avec son lourd bagage de regrets et de rancœurs. Non, non, elle a une tout autre destination en vue. Elle s'étonne même de s'en être avisée si tard. Les meilleures idées s'imposent à vous – c'est bien connu ! – au moment où vous êtes sur le point d'y renoncer. Une gaieté funèbre accompagne Marie-Hélène dans son errance. Coudoyant des inconnus, elle se félicite d'avoir pris une décision irrévocable. N'est-il pas curieux que ce soit Porquès qui, en partant pour Rennes, l'ait soulagée de son dernier scrupule ? À moins que ce ne soit Mlle Reverdy, avec son visage fade et sa voix mielleuse ? Il suffit parfois d'un grain de sable pour détraquer une mécanique. En ce qui concerne Marie-Hélène, le grain de sable ne l'a pas « détraquée », mais délivrée. Enfin, elle a les coudées franches, l'esprit léger ; enfin, elle n'est plus l'esclave de personne ; enfin, elle peut se consacrer à elle-même ; enfin, elle s'avance, seule et indépendante, dans l'univers des conventions et des compromissions ! Au fond, elle le souhaitait déjà quand elle s'obstinait à penser aux autres.

En rentrant à la maison, elle téléphone à une agence de voyages et demande les horaires des avions à destination de Nice.

IX

– Arrêtez-vous au prochain croisement, dit Marie-Hélène.

Le chauffeur acquiesce de la tête. Un bourru, un taciturne. Ils n'ont pas échangé quatre syllabes depuis qu'elle est montée dans son taxi, à l'aéroport de Nice. Tant mieux : elle n'aurait pas supporté un bavard au volant. Le trajet lui a paru anormalement long et monotone. Mais maintenant elle reconnaît chaque arbre, chaque murette de pierres sèches et son cœur se serre au gré des réminiscences. Le paysage a beaucoup changé autour de Peymeinade. Partout, des maisonnettes préfabriquées, des jardinets riquiqui… Çà et là, un hangar, un silo… Neuf ans déjà qu'elle n'est pas revenue sur les lieux ! La voiture ralentit et s'arrête : Marie-Hélène est arrivée. En mettant pied à terre, elle éprouve un étourdissement. Le temps coule à l'envers. La poitrine vide, le souffle suspendu, elle va à la rencontre de son père, de sa mère.

Ils l'attendent. Elle a tant de choses à leur raconter ! Tournée vers le chauffeur, elle dit :

– Cinq minutes ! Je serai de retour dans cinq minutes !

– C'est que moi, il faut que je rentre ! grogne-t-il. Je ne prévoyais pas une si longue course... Ils vont gueuler, au garage !

– Je saurai vous remercier, monsieur, promet-elle.

– Bon, bon, allez !

Marie-Hélène fait quelques pas sur la route de Spéracèdes. Voici, à sa droite, le mur de clôture avec son faîtage de tuiles roses ; voici, au-dessus, le moutonnement gris, vert et argent du feuillage des oliviers ; voici le portail en bois, de couleur brune, décoré de gros clous « à l'ancienne ». C'est là, une nuit, qu'elle a pu voir, à la lueur d'une lampe-torche que tenait le jardinier Augustin, le corps sans vie de maman. Aujourd'hui, le ciel est d'un bleu cru. Écrasé de chaleur, le sol exhale une odeur de poussière et de foin. Une voiture, montant vers Spéracèdes, dépasse Marie-Hélène en brimbalant. La route est toujours aussi mauvaise. Levant les yeux, elle lit, à gauche de l'entrée, le nom de la propriété qui s'étale orgueilleusement en lettres de fer forgé : ce n'est plus *L'Olivette,* mais *La Balancelle.* Les nouveaux propriétaires ont voulu rebaptiser la maison, à cause des souvenirs tragiques attachés à son appellation d'origine. Le domaine avait si mauvaise réputation dans le pays qu'il fallut attendre deux ans après la condamnation de papa pour que des acquéreurs se présentent : des Belges, riches à crever et nantis d'une nombreuse famille. Qu'ont-ils fait de l'ancienne Olivette ?

Marie-Hélène colle son œil à un interstice qu'elle a repéré entre les planches du portail. Elle découvre l'allée dans laquelle elle aimait rouler à bicyclette avec Charlotte, les troncs tourmentés des vieux oliviers, le toit du four à pain que maman avait transformé en barbecue. Tout est comme avant ! Il ne manque que l'essentiel : une certaine Marie-Hélène, aux genoux couronnés et au regard d'enfant sauvage. Tiens ! elle ne voit plus le solarium qui se dressait là, sur la droite, derrière la piscine. Les Belges l'ont-ils démoli ? Vont-ils plutôt à Cannes pour se faire brunir au soleil, les seins à l'air, sur la plage ? Des voix d'enfants se rapprochent : deux gamins se poursuivent en riant et en piaillant à tue-tête. L'un d'eux tient à la main une raquette de ping-pong. Il y a donc encore des gens heureux sur terre ! Marie-Hélène les envie rétrospectivement, avec hargne, avec rancune : « Pourquoi eux et pas moi ? » Sur le point d'éclater en sanglots, elle se rejette en arrière. Il ne faut surtout pas qu'on la surprenne à la porte de la propriété, espionnant la vie des hôtes de la Balancelle. Quand donc acceptera-t-elle l'idée que les temps ont changé, qu'elle-même a changé, qu'elle n'a plus rien à faire ici, ni même ailleurs ? Décidément, ce pèlerinage est une folie. La tête lourde, le pas traînant, elle retourne au taxi.

– Et maintenant, on va où ? demande le chauffeur.

Elle se fait conduire au village de Peymeinade et pénètre, furtive, dans le premier bistrot venu. La salle est pleine de buveurs avachis. Ils ne lèvent pas les yeux à son entrée. Certains l'ont connue, peut-être, dans son enfance. Elle les a si peu marqués qu'ils doivent la prendre pour une étrangère, une touriste. Va-t-elle le regretter, alors que c'est précisément ce qu'elle souhaite ? Appelant le patron, elle lui commande un whisky double. Il la sert en la considérant avec une bizarre insistance. Lorsqu'il a regagné son comptoir, elle sort de son sac à main deux tubes de barbituriques, verse tous les cachets dans le creux de sa main et les avale en les accompagnant de longues rasades d'alcool. Ce geste, elle y a pensé cent fois, à Paris, dans l'avion, sur la route. Elle s'étonne même de ne l'avoir pas accompli plus tôt. Sa seule crainte : l'épreuve de la douleur physique avant le grand repos. Pour l'instant, elle ne sent rien encore. Mais elle doit se hâter si elle ne veut pas manquer sa sortie. Elle paie sa consommation, remonte dans le taxi, se fait déposer au carrefour fatidique, règle sa course, gratifie le chauffeur d'un pourboire royal et dit :

– C'est terminé, monsieur, je n'ai plus besoin de vous… Merci… Bon retour !

Quand la voiture s'est éloignée, elle reprend la route de Spéracèdes, dépasse sans s'attarder l'Olivette, désormais la Balancelle, et, franchissant un talus, pénètre sur un terrain à peine boisé, qui jouxte la propriété et qu'on appelait jadis la « parcelle à Broca ». Nulle barrière, nulle murette n'en délimite la surface. Marie-Hélène a toujours connu ce lopin à l'abandon. Et pourtant, papa aurait tant aimé le racheter à Broca pour agrandir l'Olivette ! On en parlait souvent à table : « Si on pouvait mettre la main sur la parcelle à Broca ! » « Tu ne crois pas que la parcelle à Broca ferait un merveilleux tennis pour les enfants ? » Mais le père Broca était une mule. Aucune offre ne l'appâtait. Il tenait à ses arbres pourris, à sa glèbe ingrate comme à la chair de son ventre. Qu'était-il devenu ? Avait-il passé l'arme à gauche, lui aussi, entre-temps ?

Marie-Hélène s'avance entre les troncs gris et noueux. Cette parcelle tellement convoitée lui appartient enfin. Elle choisit un coin d'ombre, au pied d'un olivier, et s'allonge sur le dos, dans l'herbe rare.

Une brise imperceptible agite le feuillage au-dessus de son front. L'air est tiède. La campagne respire en silence. Marie-Hélène remarque une procession de fourmis qui longent son bras nu. Elle en attrape une au hasard et l'écrase machinalement entre le pouce et l'index. Toutes les créatures de Dieu se valent. En quoi sa propre fin serait-elle plus digne d'intérêt que celle de l'insecte dont elle vient d'interrompre la course ?

La tête lui tourne. Elle est anxieuse. Elle espère une visite. Qui donc doit venir ? Impossible de le savoir encore. Mais la certitude est là. Elle ferme les yeux, s'efforce de maîtriser les battements de son cœur et prie pour que l'attente ne soit pas trop longue.

X

Ce sont les voisins belges, propriétaires de la Balancelle, qui, en se promenant, ont découvert Marie-Hélène étendue, presque inanimée, à l'ombre de l'olivier. Sans doute la dose de barbituriques avait-elle été insuffisante. Transportée d'urgence à l'hôpital, elle a subi un sévère lavage d'estomac. Huit jours plus tard, elle était sur pied et reprenait l'avion pour Paris.

À son retour, elle a trouvé une lettre de Porquès qui, ayant appris l'envoi du manuscrit révélateur aux éditions Villedieu, lui reprochait sèchement d'avoir trahi sa confiance et de l'avoir brouillé avec des gens auxquels il avait promis une tout autre version de l'affaire Crémonnière. Décidément, elle avait eu raison de rompre. Qu'aurait-elle fait de l'amour d'un homme qu'elle ne pouvait plus estimer ? Déçue, mortifiée, elle avait rappelé à la maison la falote mais indispensable tantine. Blotties l'une contre l'autre, elles avaient réappris à vivoter discrètement, au jour le jour. Marie-

Hélène gagne quelques sous en écrivant, de temps à autre, des articles pour *Herbages,* dont les jeunes rédacteurs lui ont conservé leur amitié malgré sa volte-face... ou à cause d'elle. Quand elle pense à son suicide raté sur la terre de ses souvenirs d'enfance, elle ne se reconnaît pas dans la pauvre folle qui a tenté d'en finir, de façon si banale, avec ses chagrins et ses révoltes. Tout son passé n'aura donc été qu'une succession d'échecs. Ne s'est-elle pas fourvoyée en aimant, les yeux fermés, une mère volage, en se consacrant à la réhabilitation d'un père lâche et menteur, en parant de toutes les vertus un avocat sans scrupule, en méprisant la douce et servile tantine, en se moquant de la trop bourgeoise Charlotte ? Il suffisait qu'elle s'intéressât à un être pour qu'il la déçût. Et pourtant, rien de tout cela ne saurait justifier sa capitulation devant l'adversité. Il n'a jamais été dans sa nature de plier l'échine. Au contraire, chaque déconvenue a été pour elle un prétexte à rebond. Demain, il fera plus clair ! Certains soirs, elle espère qu'elle va rencontrer un autre Porquès, un Porquès propre, loyal, dévoué, résolu, un Porquès qui l'approuverait d'avoir préféré la vérité déchirante à une tromperie confortable. Il lui arrive même de se dire que la publication de sa fracassante confession lui permettra de prendre un nouveau départ dans la vie. Mais l'ouvrage, à peine sorti en librairie, tombe à plat. L'actualité dévore ses vedettes. Dès que les journaux, la télévision, la radio se détournent d'un personnage, il replonge dans l'oubli. Après avoir soulevé les passions, le cas Crémonnière n'intéresse plus les lecteurs, blasés par trop de scandales en trop peu de temps. Qui se soucie encore de savoir si le père de Marie-Hélène a été coupable ou innocent du meurtre de sa femme ? La justice ne s'est d'ailleurs nullement émue des prétendues révélations du livre, considérant qu'elles avaient été lancées à la légère et sans doute dans l'unique dessein d'attirer l'attention sur l'auteur. Les ventes ont été médiocres ; il n'y a pas eu de second tirage.

Cependant, Villedieu a tenu les promesses du contrat et réglé, à titre d'à-valoir, l'avance prévue sur les revenus d'édition du volume. Fidèle à son attitude orgueilleuse, Marie-Hélène n'a pas voulu profiter de cet « argent maudit ». Elle l'a immédiatement reversé sur le compte en banque de sa sœur. Ce cadeau inattendu a provoqué chez Charlotte un délire de joie. Ainsi renflouée, elle a pu acheter, dans le centre d'Angoulême, le quatre-pièces avec balcon dont elle a toujours rêvé.

5016

R.I.D. Composition – 91400 Gometz-la-Ville
Achevé d'imprimer en Europe (France)
par Brodard et Taupin à La Flèche (Sarthe)
le 21 octobre 1998. 1059V-5
Dépôt légal octobre 1998. ISBN 2-290-05016-4

Éditions J'ai lu
84, rue de Grenelle, 75007 Paris
Diffusion France et étranger : Flammarion